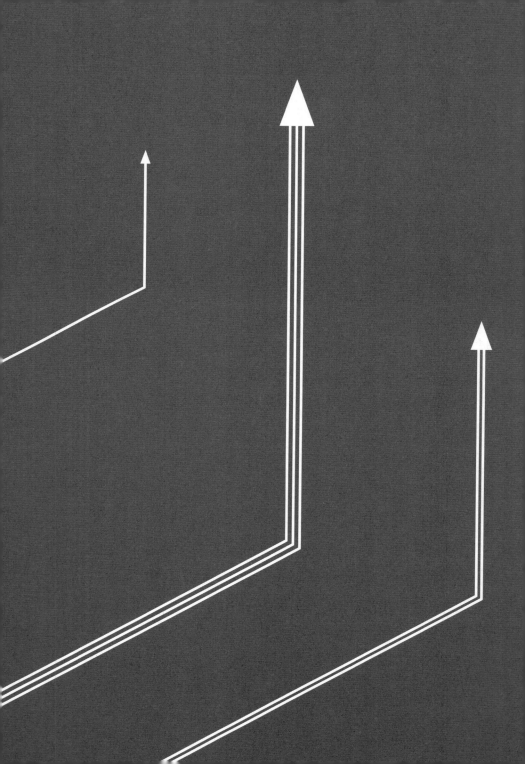

부의 가속도

붕괴

가속도

존 아시리프 지음 | 박선주 옮김

BOOKER

나는 나로서 존재한다. 그것으로 충분하다. 세상의 다른 사람은 모른다 해도, 나는 만족한다.

— 월트 휘트먼Walt Whitman

이 인용문에 표현된 월트 휘트먼의 지혜가 존 아사라프John Assaraf의 인생을 거의 완벽히 묘사한다. 그를 아는 사람 누구에게든 묻는다면, 그는 시간이나 에너지, 또는 잠재력을 결코 허비하는 법이 없다고 지체하지 않고 말할 것이다. 존은 텔아비브의 거리에서 스스로 일어나 비즈니스와 기업의 무대로 옮겨갔다. 전쟁으로 파괴된 이스라엘에서 총소리와 심지어 폭탄 폭발로 점철된 유년기를, 이어 몬트리올의 거친 환경에서 몇 해를 보냈지만 폭력을 거부하고, 놀라운 용기와 기부, 사랑의 인생을 창조했다. 그는 승리자다.

나는 여러 해 동안 존을 알아 오면서 그의 많고 다양한 능력을 알아보는 행운을 가졌다. 그는 헌신적인 학생이자 신뢰가 가는 친구이며 사업 동료다. 내가 그에게서 가장 높이 사는 자질은, 자기 자신에 대해 책임을 지는 사람이라는 점이다. 그는 놀라울 정도로 뛰어난 정신력을 발전시켰다. 다른 사람들의 견해에 좀처럼 흔들리지 않고, 사고방식 또한 외부 조건이나 상황에 결코 영향을 받지 않는다.

존 아사라프는 자신이 설정한 과정과 개발한 전략을 실제로 적용한다. 그의 목표들은 구체적이며, 보통 그는 자신이 계획한 시점에 또는 그전에 목표들에 도달한다. 초점은 그의 또 다른 이름이라 할 수 있고, 그가 주는 많은 가르침 중에서 가장 강력한 것 중 하나다.

겉보기에 그는 현실화하는 능력을 타고난 복을 받은 사람처럼 보일수 있다. 그러나 그를 아는 사람들은, 그것은 그가 여러 해에 걸쳐 진지하게 공부하고 훈련한 결과라는 사실을 안다.

존이 이 책에서 명확하게 설명하며 알려 줄 것이다. 곧, 우리는 모두 놀라운 정신적 능력들을 부여받았으니, 제대로 개발하고 체계적으로 적용하면 모두가 자신의 고유성을 창조적이고 생산적으로 표현할 수 있는 능력을 갖게 된다고 말이다.

나는 개인적으로 40년 이상을 매일 인간의 잠재력에 대해 연구해 왔고, 지난 35년 동안 내가 알아낸 것들을 책과 녹화 기록물, 세미나를 통해 전 세계 사람들과 즐겁게 공유하고 있다. 그것을 통해 나는 나 자신이 개인적으로 어울리는 사람들이 표현하는 행동 패턴에 대해 실제적으로 알게 되었다. 내가 아는 그 누구보다도 이 책의 저자야말로 책에 적힌 내용 그대로 살고 있다고, 나는 주저 없이 말할 수 있다. 이 책의 교훈들에 헌신함으로써 그는 엄청난 물질적 부와 신체적 건강, 가족과 친구를 비롯해 그를 아는 모든 사람의 사랑이라는 보상을 받았다.

흔한 말로, 존은 전부 가졌다. 그가 비교적 짧은 기간에 성취한 것을,

당신은 이 책에서 나눈 제안들을 따름으로써, 두 배로 성취할 수 있다.

이 책의 원고를 읽으면서 나는 마치 존의 마음속에 있는 듯 그의 생각을 알고 감정을 느낄 수 있었다. 이 책은 존의 삶을 적은 것이나 마찬가지다. 군더더기 없고, 곧장 핵심을 이야기한다. 교훈은 명확하고 정확하다. 대부분의 자기계발서에 많이 제시되지 않은, 처음 듣는 듯한 다양한 법칙과 개념을 소개받을 것이다. 그렇지만 내가 보장하건대, 그 법칙들은 역사가 길다. 사실 언제나 있었고, 승리하는 사람들은 예외 없이 모두 그 법칙들과 반드시 조화를 이루며 살고 있다. 걸출한 결과를 성취한 사람들의 90퍼센트 이상이 자신들이 어떻게 그런 성취를 했는지 분명히 표현하지 못한다. 결국 그들의 성공 전략을 복제하기란 불가능하다. 존은 자신이 시간을 들여 연구하고 그 정보를 여러분과 나눌 수 있다는 사실을 매우 기뻐할 것이다. 이 법칙들을 이해하고 적용하면 당신은 자신이 선택한 어떤 목표라도 성취할 수 있다는 사실을, 나는 나 자신의 경험으로 안다.

이 책을 한 번 죽 읽으면 저자가 무슨 이야기를 하는지 감을 잡을 수 있을 것이다. 그러면 첫 페이지로 돌아가 각 교훈을 당신의 삶에 적용하라. 당신의 옛 패러다임은 이 책 후반부에 나오는 연습과제들을 무시하고 넘어가게 하려 할 것이다. 나중에 마저 해 보겠다고 자신과 타협하게 만들 것이다. 그런 일을 허용하지 마라. 존 아사라프는 그 연습과제들을 다 끝마쳤기에 삶의 모든 것을 가지게 되었다.

책의 연습과제들을 끝마치면 당신 자신에 대한 신뢰감이 높아질 것이다. 신뢰는 어떤 것에 대해 평가할 때 기본 바탕이 된다고 나는 생각한다. 우리가 자신을 재평가하기 시작하면 우리의 신뢰감은 바뀌기 시작한다. 이 책을 통해서 당신은 자신이 누구인지 그리고 진정으로 성취할 수 있는 것은 무엇인지 진지하고 면밀히 검토하게 될 것이다. 책의 각 장을 연구하면서 보내는 시간은 당신 자신에 대한 투자다. 이 책이 당신을 밝은 미래로 향하는 올바른 길로 들어서게 할 것이다.

— 밥 프록터Bob Proctor

베스트셀러 《당신은 부자로 태어났다You Were Born Rich》의 저자

감사의 말

밥 프록터에게 깊은 감사와 사랑을 표현하고 싶다. 그가 50년 넘게 헌신한 연구와 가르침이 특별히 나를 포함해 아주 많은 사람의 삶에 감동을 주었다. 그는 정말로 우리 시대의 위대한 스승 중의 한 명이다.

내게 어떤 것에 관해서든 '너는 할 수 없다'는 말을 한 번도 하신 적이 없는 나의 부모님에게 감사드린다. 그리고 전적으로 나를 사랑하고 지지해 주신 것에 대해서도 감사드린다. 나의 가장 친한 친구가 되어 준 형제 마크와 여동생 리브카, 내 인생에 이 두 사람이라는 축복이 있어 나는 무척 자랑스럽고 운이 좋다. 내 마음을 다해 이 두 사람을 사랑한다. 너희는 최고다.

나의 눈부신 아내 마리아, 당신은 놀랍고 영감을 주는 아내이며 파트너다. 키넌과 노아, 너희가 태어나 자라는 모습을 지켜보면서 나는 날마다 놀란다. 너희는 우리 모두가 그렇듯 기적처럼 성장하고 있고, 무한한 사랑과 지능과 에너지를 갖고 있다. 내 삶에 너희가 온 것에 대해 나는 날마다 신께 감사한다. 너희는 최고다!

월터 슈나이더와 머리 스미스, 빌 트림블, 짐 번치, 멜 소트먼, 로버트 메이, 프랭크 포즐러, 제프와 스테이시 파인버그, 스파 스트리트, 텐 드러크. 만일 모든 사람에게 이 사람들처럼 사랑이 많고 배려심이 있으며 친절한 친구가 단 한 명이라도 있다면 우리는 전쟁을 겪지 않을 것이다.

나는 이들 모두를 깊이 사랑하고, 우리가 함께한 추억에 대해 감사한다.

나의 소중한 친구 랜디 제일스, 내 머릿속 생각을 출판물로 이끌어 내도록 애써 준 뛰어난 전문 편집자 케런 리슈, 훌륭하게 편집해 준 게일 핑크에게 고마움을 전한다. 나와 친밀하게 아는 또는 연구와 가르침의 은사를 통해 아는 나의 교사들에게도 고마움을 전한다. 모두에게 사랑과 감사를 보낸다.

내가 크게 감사할 사람들은 분명 이보다 더 많이 있다. 날마다 삶을 통해 새로운 것들을 배우고 인류의 진보를 위해 전하는 위대한 모든 사람에게 감사한다. 오로지 이런 과정을 통해서만 우리는 더 높은 차원에서 자기를 이해한다. 이 모든 일을 행하시는 신께 감사드린다.

— 존 아사라프

거리의 문제아에서
자수성가한 백만장자로

하라. 아니면 하지 마라. 시험 삼아 해 보기란 없다.

— 요다<제국의 역습The Empire Strikes Back>, 스타워즈 에피소드 5

나는 가족과 사는 아파트에서 지하 막사로 전력 질주하며 요란한 소리를 들었다. 머리 위 상공을 날아 국경에 침입한 적의 전투기에 맞선 우리 쪽 전투기들의 소리였다. 그게 내가 기억하는 첫 공포의 순간이고, 내게 남아 있는 가장 강렬한 기억 중 하나다. 지금도 도시의 거리를 걷다가 근처에서 위험을 알리는 사이렌 소리만 들으면 내 머릿속에서는 그때의 사이렌이 울리고 여전히 오싹한 느낌이 엄습한다.

당시에 나는 전형적으로 외향적인 사내아이였다. 눈앞의 모든 곳에 기어오르려 했고 최대한 멀리 돌을 던졌으며 결승선에 통과하려고 빨리 달렸고 가상의 적수들을 패배시켰다. 그렇지만 나는 전쟁 중인 나라 이스라엘에 살고 있었다. 그래서 나의 경주는 언제나 끝나지 못했다. 우리

10

는 아파트에서 막사까지 급히 달려가는 연습을 아주 많이 해서 완전히 익숙해졌고, 거의 일상이 되었다. 그러나 그 훈련이 실제가 되면 나는 어쩔 수 없이 불안했다. 누가 다쳤나? 누가 돌아오지 않았나?

모르는 사람이 내 가족이나 친구를 죽이려고 하는 이유를 다섯 살짜리 아이가 어떻게 이해하겠는가? 또는 아빠나 삼촌들이 적과 싸우러 나가야 하는 이유를…. 그 전에 '적'이라는 게 뭔지를 알겠는가? 그 나이 때 나는 이해할 수 없었고, 지금도 사람들이 왜 서로 죽이려고 하는지 이해가 안 간다. 그때와 달라진 점이 있다면, 이제 나는 우리가 왜 어떤 선택을 하는지, 어떻게 해서 현재 이 모습이 되었는지, 그리고 여기가 중요한데 어떻게 우리가 이런 모습이 되는지 더 잘 알게 되었다는 사실이다.

위험 지역을 떠나다?

1967년 나의 부모님은 두려움과 위험에서 가족을 구하기로, 그래서 전쟁 중인 곳에서 멀리 떠나기로 결정하셨다. 우리는 캐나다 몬트리올로 이주했다. 엄마와 아빠 두 분 다 프랑스어를 하셨고(캐나다에서는 공용어로 영어와 불어를 쓴다. - 옮긴이) 캐나다는 중립적 국가였기 때문이다. 새로운 나라에서 나는 더 이상 사이렌 소리를 듣지 않았고, 땅바닥에서 뭔가를 주워 갖고 놀아도 괜찮다는 것을 알게 됐다. 전에는 그렇게 했다가는 손이 잘려 나갈 수도 있었다. 내가 살던 옛 동네 길바닥에는 껌 종이보다 폭발하도록 개조된 성냥갑이 훨씬 흔했기 때문이다. 또한 몬트리올에서 나는 서로 다르게 생긴 사람들이 함께 어울리고, 실제로 즐겁게 지낸다는 사실도 알게 되었다. 그들은 싸우거나 죽이려 하지 않았다.

아버지는 택시 운전사라는 직업을 얻으셨다. 훌륭한 주부인 어머니는 동시에 근처 백화점에서 일하셨다. 나의 부모님은 모두 정규 교육을 받거나 전문 기술을 습득한 적이 없으셨다. 대신에 실제 생활 전선에서 받은 훈련을 통해 모든 것을 습득하셨다. 특히 어머니는 여러 역경을 헤쳐 오셨는데, 세계 대전 중 루마니아를 떠났고 고작 열두 살에 혼자 이스라엘로 이주하셨다.

부모님은 가족을 부양하기 위해서 두 분 다 열심히 일하셨다. 우리는 먹을 양식과 거처할 집이라는 복을 받았다. 우리에게 언제나 풍족했던 한 가지는 사랑이었다. 그럼에도 돈은 우리 집안의 문젯거리였다. 구체적으로 말해, 집에 돈이 부족했다. 왜 그런지 모르겠지만 대체로 늘 우리는 돈이 바닥난 채였다. 그래서 나는 여덟 살 때부터 일하기 시작해 신문 배달이나 약국의 물품 정리, 세탁물 다리기 같은 온갖 종류의 일을 늘 했다.

머지않아 나는 소매치기를 비롯해 작은 범죄들에 능한 예닐곱에서 여덟 명의 소규모 소년 그룹에 들어갔다. 훔치고 싸움질하며 나는 대개 얻어맞는 쪽이었다 마음이 결코 편하지는 않았지만 그 그룹에 계속 남기 위해 지켜야 하는 명확한 규칙들 때문에, 그리고 소속되고 받아들여진다는 매력 때문에 나는 나쁜 무리와 여러 해 동안 어울렸다. 좀도둑질의 특전으로 주머니에 동전을 넣고 다녔고, 곤란한 상황에서는 도와줄 패거리가 있었다. 이렇게 '거리의 문제아'로서의 삶이 시작되었다.

당신이 상상할 수 있듯 근면하고 정직한 나의 부모님은 당혹스러워하고 슬퍼하셨다. 때때로 나는 잡혔고, 그러면 어머니는 내게 애원하셨다. 어머니가 절도와 거짓말은 나쁜 행동이라고 하시면 나는 늘 어머니가 옳다고 재빨리 인정했다. 그러면 어머니가 물으셨다. "존, 그런데 왜 그런 짓을 하니?"

"나도 모르겠어요."라는 상투적인 대답이, 아마 자녀를 둔 사람이라면 익숙할 것이다. 나는 어느 정도는 이유를 알았지만 그걸 어머니한테 설명할 수 있을 만큼 성숙하지는 못했다. 나는 많이 가진 다른 아이들보다 내가 열등하다고 느꼈다. 그래서 갖고 싶은 것을 훔치고 속이면서 내가 원하는 것을 얻는 방법과 나 자신을 좀 더 괜찮게 느낄 수 있는 방법을 발견했던 것이다.

내가 우리 아파트 길 건너에 있는 유대인 문화센터에서 일을 얻자 부모님은 안도하셨다. 나는 센터의 체육관에서 일했는데, 평일 저녁 5시부터 9시까지 운동 기구를 센터 회원들에게 나눠주는 일이었다. 그러면서 시급 65달러83,000원 정도 - 옮긴이 에다 남성 헬스클럽 이용권도 받았다. 급여에 끌린 것은 아니었다. 거리에서 물건을 훔쳐서 팔면 더 많이 벌 수 있었으니까. 나는 헬스클럽이 마음에 들었다. 그곳은 일과를 마친 부자와 성공한 사람들이 어울리는 곳이었기 때문이다.

나는 사우나 남탕에서 많은 조기 교육을 받았다. 아! 당신이 무슨 생각을 하는지 다 안다. 그런 생각은 당장 그만두라. 저녁 9시 15분부터 10시 사이, 한증탕에서 나는 일을 마치고 온 성공한 사람들이 나누는 담소를 들었다. 그들이 나누는 대화 주제가 너무도 흥미로워 나는 그 자리를 떠나고 싶지도, 물을 마시러 나가고 싶지도 않았다. 나는 밤에 집에 가면 탈수 증세를 보이면서도, 부모님이 원하고 나 역시 원하는 삶을 현재 사는 그들의 이야기를 들은 후라 매우 들떠 있을 때가 많았다.

그곳의 성공한 사람 중 다수가 먹고 살기 위해 캐나다로 온 이민자들이었다. 나는 그들의 성공 이야기만큼이나 실패 이야기에도 매료되었다. 사업이나 가족, 건강이 잘못되었을 때를 비롯해 모든 이야기에 감명을 받았다. 우리 가족 또한 어려움을 겪고 있었기 때문이다. 그들의 대화를 들으며 나는 어려움을 겪는 게 보통이고, 다른 가정 또한 다 비슷한 위기를 겪는다는 사실을 알게 됐다.

내가 그 사람들에게 배운 첫 번째 교훈은 꿈을 추구하는 과정에서 절대로 포기하지 말라는 것이었다. 무엇에서든 만일 실패하면 다른 방법으로 해 보고 계속 올라가며 넘어서고 재차, 끝까지 해 보되, 절대로 포기하지 말아야 한다. 언제나 길은 있다. 그들은 돈을 잃거나 벌었던 경험, 건강 악화, 결혼 문제와 배신, 혹은 우리를 지켜보는 신 그리고 그 외에도 내가 다른 데서는 듣기 힘든 많은 문제에 대해 이야기했다.

그들은 내게 사람은 어디서 태어났든, 인종이나 피부색이 어떻든, 나이가 얼마든, 부유한 집 또는 가난한 집에서 태어났든 차이가 없다는 사실을 가르쳐줬다. 그들 중 다수가 문법에 안 맞는 영어를 썼고, 어떤 사람은 미혼이었고, 또 어떤 사람은 이혼했으며, 어떤 사람은 행복한 결혼 생활을 영위했고 또 어떤 사람은 그렇지 못했다. 어떤 사람은 건강했지만 또 어떤 사람은 외모가 형편없었고, 어떤 사람은 대학을 졸업했지만 또 어떤 사람은 그렇지 못했다. 고등학교조차 못 나온 사람도 있었다. 그런 사실을 알고 나는 대단히 놀랐다. 당시까지 나는 성공이란 어쨌든 고난을 겪지 않고 모든 이점을 타고난 사람들에게 예비된 것이라고, 성공이란 나 말고 다른 사람들을 위한 것이라고 생각했기 때문이다.

완전히 틀린 생각이었다. 당신이 꿈꾸는 인생을 살지 못하는 이유라며 제시하는 핑계와 상관없이, 누군가는 그와 비슷하거나 더욱 심한 상황에서 그것을 극복하고 있다. 당신이 불평하는 동안에 말이다. 누군가는 현재 당신보다 훨씬 심각한 처지에 있지만 전부 갖기를 추구하고 있다.

현재의 처지나 상황이 어떻든 그런 사람들은 자신과 가족을 위해 분투했고 더 많은 것을 바랐다. 그들은 더 성장하고 더 많이 갖기를 원했다. 그리고 그렇게 됐다. 캐나다에서 아메리칸 드림을 추구할 수 없다고 누가 그러는가?

정직하게 행동한 '실수'

어느 날 나는 탈의실 바닥에서 100달러 지폐를 한 장 줍고서 난생 처음으로 도덕적 갈등에 빠졌다. 마음 한편으로는 그것을 갖고 싶었지만 또 한편으로는 잃어버린 사람에게 찾아 주고 싶었다. 그 돈을 잃어버린

15

사람은 어쩌면 사우나에 왔던 사람들 중 하나일지 모르는데, 어떻게 내가 그렇게 많은 것을 가르쳐준 사람의 것을 취할 수 있겠는가? 맙소사, 내겐 너무 어려운 문제였다! 과거였다면 어떻게 할지 전혀 문제가 되지 않았을 것이다. 정말이지 돈을 내 주머니에 찔러 넣고는 움찔도 안 했을 것이다. 너의 손실은 나의 이득이다! 주운 사람이 임자다!

그러나 나는 감사와 성실성에서 비롯된 마음으로 몇몇 회원들에게 주운 돈에 대해 말했다. 아니나 다를까, 한 남자가 나서서 자신이 잃어버린 돈 같다고 했다. 그다음에 내가 뭘 생각했을지 당신도 추측할 수 있을 것이다ㅡ어쨌든 나는 세상 물정에 밝았으니까. 그러나 내가 증명해 보라고 요구하기 전에 그 남자는 탈의실로 가서, 내가 돈을 주웠던 바닥에서 가까운 곳의 자기 사물함을 열고는, 두께가 최소한 10센티미터는 되는 백 달러 지폐 뭉치를 꺼냈다. 나는 거의 기절할 뻔했다!

그런데 거기서 끝난 게 아니었다. 그가 나더러 같이 나가자고 해서 우리는 함께 그의 차로 갔다. 그가 차 트렁크를 열었는데, 나는 그때 태어나서 처음으로 말문이 막혔다. 지금까지도 내 어머니는 '그 광경을 한번 봤더라면' 하고 아쉬워하신다.

정말로 트렁크 전체가 단정히 묶인 100달러짜리 지폐로 가득했다. 충격과 경외감에 빠진 나는, 전부 다해 액수가 얼마나 되는지 짐작조차 할 수 없었다. 남자는 내게 정직하게 행동한 것에 대해 고맙다며 20달러를 줬다. 솔직히 나는 그가 떠나는 순간 속았다는 느낌이 들었다. 이런 생각을 하면서. '바보 같기는! 그냥 입 다물고 내 주머니에 넣어 뒀다면

80달러를 더 가졌을 텐데. 멍청하기는!'

그게 내가 저지른 이른바 최고의 실수였다. 그 정직한 행동을 통해 나는 실제로 세상이 어떻게 작동하는지, 전적으로 정직함을 통해 어떻게 원하는 모든 것을 갖게 되는지 배우기 시작했고, 나를 둘러싼 모든 것을 지배하는 법칙을 배웠다. 당신이 맺는 모든 관계, 신과의 연결, 돈, 건강…. 이 모든 것에 대해 배워 아는 것은, 그것들이 창조된 법칙과 원칙을 이해하는 과정이다. 나는 그 법칙들을 실생활에서 배워야 했다. 당신은 어떤지 모르겠지만 나는 돈과 건강, 관계들에 대해 학교에서는 전혀 배우지 못했다.

100달러 지폐를 수백 장 갖고 있던 남자의 이름은 기억하지 못하지만 다른 회원들이 그를 매우 존경했던 것은 기억한다. 그는 체육관에서 마주치면 "어이, 챔피언!" 하고 내게 아는 체하곤 했다. 나는 언제나 그 사람과 친근하게 인사하고 그의 옆에서 인생 얘기를 들을 수 있기를 바랐다. 그는 전부 다 가진 것 같았고, 나는 그의 얘기를 들을 수 있는 특권을 가졌다. 지금도 나는 그 사람을 찾아서, 내게 진정한 성공에 대해 모든 영감과 힌트를 준 것에 대해 감사할 수 있기를 바란다. 또한 나를 챔피언이라고, 승리자라고 불러 준 것에 대해 고맙게 생각한다.

큰 물음들

우리 가족이 근교로 이사했을 때 나는 열네 살이었다. 나의 부모님이 드디어 처음으로 우리 집을 샀고, 우리 가족 모두 몹시 흥분했다. 캐나다로 온 후로 8년이 걸려 부모님은 집 계약금을 지불하고 새로운 동네로 이사 갈 정도의 돈을 모으셨다. 집은 총 2만 5,000달러에 계약금이 5,000달러였다. 부모님은 8년간 매달 50달러씩 모아 그 새 집을 마련하셨다. 이사 갈 때 나는 조용히 속으로 맹세했다. 언젠가 이 문화센터로 돌아와 회원들에게, 특별히 내가 몰랐던 세계에 대해 눈을 열어 준 100달러 지폐의 남자에게 감사 표시를 하겠다고 말이다.

약 3년 뒤 나는 '새로운 세계'를 본격적으로 추구하기로 결심했다. 그럼에도 그 사이, 나는 거리 생활로 돌아가 소매치기를 하고 장물을 팔았다. 그러면서 나 자신이 남부끄럽지 않게 돈을 벌 방법을 찾을 수 있을지 의심했다. 이번에는 예전과 달리 패거리 없이 혼자 다녔다. 불법 사업가처럼 말이다. 나는 사업에 실제로 적용할 만한 많은 것을 거리에서 배우기는 했지만 그것에 대해서는 뒤에서 좀 더 자세히 알게 될 것이다. 자존심이라는 대가를 지불했다. 불법적이고 부도덕한 행동으로 형성된 나의 자아상 때문에, 나는 떨쳐 버리기를 원했음에도 불구하고 오랫동안 반복적으로 범죄 활동에 끌려다녔다.

어느 날 새로 이사 간 동네의 문화센터에서 모르는 어떤 사람이 다가와 속삭였다. "이봐, 환각제 좀 구해 줄 수 있나?"

이 말에 나는 번뜩 정신이 들었다. 모두가 알고 있었다. 마치 옛 문화센터의 '챔피언'이라 불렸던 나의 바른 인생이 거리의 불량 청소년의 비뚤어진 인생과 정면으로 충돌한 것 같았다. 그 일이 있은 후 몇 주 동안

18

나는 문제를 일으키지 말아야겠다고 맹세했지만 결국에는 또다시 뒤로 끌려갔다. 십 대 시절 내내 나는 그런 짓을 끊었다가 다시 시작하기를 수 차례 반복했다. 그러다가 열아홉 살에 새 인생을 시작하기 위해 다른 도시로 이사를 가서야 드디어 과거 생활을 완전히 청산하고 다시는 범죄를 저지르지 않았다. 청년 때 나는 드디어 부동산 중개소에서 합법적인 직업을 얻어 냈음에도 '나는 충분히 영리하지 못해.' '아무도 날 좋아하지 않아.' '사람들은 부정직해.'와 같은 생각과 싸워야 했다. 이런 생각들이 때때로 머릿속에 불쑥 들어와 무의식적으로 내 행동을 조종했기 때문이다.

긍정적인 자아상을 가지는 것보다 더 중요하고 더 건강한 것은 없다. 또한 범죄자로서의 정체성을 키우는 것보다 더 심각한 손상을 주는 것도 없다. 어쨌든 사소한 죄들에서 발을 빼려면 얼마나 영리해야 할까? 누가 폭력배를 좋아할까? 어떤 사기꾼이 정직한 사람들과 친분이 있을까? 이런 것들이 나의 자신감을 잃게 만드는 힘든 생각이었고, 그 생각을 내 정체성에서 무너뜨려 없애는 게 아마 젊은 시절에 내가 추구했던 가장 중요한 과제였을 것이다. 그 과정과 방법에 대해서는 뒤에서 다루겠다. 그 과정이 없었다면 오늘날 나는 이 자리에 결코 도달하지 못했을 것이다.

경험은 최악의 교사다. 가르침을 주기 전에 테스트를 주기 때문이다.

— 버논 로우Vernon Law

이 책에서 나는 낮은 자존감을 갖고 몸부림치던 거리의 문제아에서 법적, 윤리적으로 수백만 달러 가치의 사업가가 된 나의 여정을 나누겠다. 좌절된 농구 선수의 꿈, 벤처 사업 실패, 두 번의 이혼, 수백만 달러 기업의 합병 성공, 건강의 위기 때문에 생긴 일화 등 나 자신의 좌절과 성공 이야기뿐만 아니라 인간 정신의 힘과 회복력을 보여 주며 감탄을 자아내는 다른 사람들의 이야기도 나눌 것이다.

우리에게는 무한한 가능성을 보여 주는 이런 예들이 필요하다. 풍요로운 생활의 모습들을 텔레비전에서 볼 수 있지만 그것들은 왜곡되어 있다. 텔레비전은 세상에 대해 매우 편향된 시각을 제시하고, 우리가 원하는 것들을 보여 주지만 얻는 방법에 대해서는 힌트조차 주지 않으면서 우리를 희롱한다. 또한 텔레비전에 등장하는 관계들은 사람들이 서로 죽이고 훔치고 거짓말하고 속이는 아주 망가진 관계들이다. 그 어디에 좋은 본보기가 있는가? 그 어디에 현실감과 중요한 핵심을 담은 행복한 결혼 생활과 잘된 가정 이야기가 있는가?

자녀를 위한 진정한 교육

당신에게 자녀가 있다면 이 책이 특히 더 중요하다. 당신은 자녀에게 가장 영향력이 크고 자녀가 가장 의지하는 사람이기 때문이다. 텔레비전은 아이들에게 큰 가치를 전혀 제공하지 못한다는 사실은 이미 확증되었다. 오락과 소비를 부추기는 것 외에 그 어떤 목적의식이나 역할 모

20

델을 전혀 주지 못한다. 또한 학교에서 아이들에게 진짜 세상에 대해 가르쳐주기를 기대할 수도 없다. 학교에서는 역사, 지리 등의 교과목들을 너무 많이 강조하고 자기 자신에 대해서는 충분히 가르치지 않는다. 이 책이 당신을 도울 것이다. 해답을 얻기를 간절히 원하는 다음과 같은 물음들에 대해서 말이다. "나는 누구인가? 어떻게 하면 풍족하고 기여하는 삶을 살 수 있을까? 어떻게 하면 나의 영적 자아에 대해 알게 될까? 어떻게 하면 내가 더 중요해지고 따라서 더 많은 것을 가질 수 있을까? 어떻게 하면 다른 사람들과 관계가 좋아지고, 어떤 문제에 대해 이성 또는 동성을 이해하는 의사소통 기술을 배울 수 있을까? 실생활의 스트레스를 다루는 데 필요한 기술은 무엇일까? 어떻게 하면 정직하게 돈을 벌고 지킬 수 있을까?"

학교 제도는 아이들이 듣고 공부하고 기억하며, 시험을 치르고, 가능하면 합격하게 만드는 데 맞춰져 있다. 이런 것들이 대부분 단지 기억력을 위한 교육일 뿐이라면 우리가 초점을 맞춰야 할 것이 아니다. 자기 계발 분야의 개척자인 얼 나이팅게일Earl Nightingale은 다음과 같이 말했다. "사람들 대부분은 지금 생각하고 있는 것을 말해야 한다면 말문이 막힐 것이다." 슬프지만 사실이다! 사람들 대부분은 생각하지 않는다. 그저 사회적 상황에서 매일의 삶을 살아가지 자신들의 행동양식이나 그 이유에 대해 결코 질문하지 않는다. 과거에는 우리가 직접 해야 했던 모든 기억과 계산 작업을 지금은 컴퓨터가 수행한다. 이제 우리는 사람들에게 '생각하는 방법'을 가르쳐야 한다. 젊은 학생들이 높은 자존감과 자신에 대한 진정한 이해력을 갖도록 효과적이고 제대로 가르치는 방법을 교사들에게 가르쳐야 한다.

학교를 비난하자는 게 아니라 실제 행동을 취하기를 요구하는 것이다. 우리는 아이들이 배우는 내용을 교육 단계에 맞게 적극적으로 쇄신해야 하고, 우리 자신은 사는 법을 배우지 못했지만 어른으로서 새로운 세상에서 살아가기 위해 스스로 배워야 한다. 나는 이 책을 통해 이런 문제들을 바로잡는 데 도움을 주고 싶다. 따라서 20년이 넘는 세월 동안 나의 성취를 도와준 탐색과 적용 방법들을 나눌 것이다. 나는 아주 멋진 인생을 창조하는 데 필수적인 해답과 필요 불가결한 전문 기술을 찾아내기 위해 개인적으로 50만 달러 이상을 투자했다.

그렇다, 당신도 전부 가질 수 있다

이 책《부의 가속도》에서 당신은 내가 배운 교훈들을 얻고, 삼류 '말썽꾼'에서 존경받고 성공한 사업가이자 두 아이의 다정한 아버지이고 잘 이혼하고전처와 좋은 관계를 맺고 있다는 의미다 더없이 행복하게 재혼한아내를 사랑하고 있다는 의미다 진심으로 행복한 남자로 성장하면서 밟은 정확한 단계들을 알게 될 것이다. 내가 문화센터에서 들은 얘기들에서 유익을 얻은 것과 마찬가지로 당신도 나의 경험을 활용해 당신의 삶을 향상시킬 수 있을 것이다. 그러나 내가 나 자신을 다른 사람들과 다르다고 여긴다고 오해하지 마라. 방법을 모르고 자산이 없으며 교육을 많이 받지 못했지만 건강과 부, 멋진 가족, 사회생활, 친구, 신과의 강력한 영적 관계를 최대한도로 누리며 인생을 사는 사람들이 수없이 많이 있다.

당신도 할 수 있다. 이 책에서 다음과 같은 방법들을 배울 수 있다.

- 성공한 사람들 모두가 사용한 일곱 가지 파워 팩터power factors를 계발하고 이용하는 방법
- 당신 삶의 꿈 전부를 성취하도록 끌어당김의 법칙을 사용하는 방법
- 당신의 참된 잠재력을 가로막는 정신적이고 감정적 장애물들을 알아내고 제거하는 방법
- 당신이 진정으로 갈망하는 삶을 창조하기 위한 인생 설계 매트릭스를 활용하는 방법
- 오늘날 급변하는 사회에서 '거리의 문제아'의 재치를 최대한 활용하는 방법

내가 개인적으로 아는 '전부 가진' 사람 중에 그것을 노력 없이 쉽게 얻은 사람은 단 한 사람도 없다. 그들은 모두 자신이 원하는 것을 정한 다음 이전보다 더 중요한 사람이 되기로 결정했다. 그들은 자신들이 원하는 것을 얻기 위해 노력하고 자신들만의 방법을 연구했다.

그러나 사람들 대부분은 인생을 숙고하고 계획하기보다 휴가 계획을 짜는 데 더 많은 시간을 보낸다. 당신은 이 책을 그저 읽기만 한 다음

상황이 더 낫게 바뀌기를 바라며 던져 버리는 사람이 되지 마라. 당신이 달라지지 않으면 아무것도 바뀌지 않는다.

정신 이상이란 똑같은 일을 거듭 반복하면서 다른 결과를 바라는 것이라는 말이 있다. 정신 이상자가 되지 마라! 적극적으로 다른 것을 시도해 보라. 지금 현재보다 더 중요한 사람이 되도록 기꺼이 직접 도전하라.

만일 이 책이 특별한 비결 또는 묘약을 줄 것이라 기대한다면 내려놓고 다른 책을 읽어라. 이 책은 동기부여가 된 당신이 행동을 취하고, 당신 자신의 대작을 만들어 내기 위해 생각을 하게끔 정보를 줄 것이다. 단계들은 쉽다. 그러나 분명하다. 당신 자신과 당신이 아끼는 사람들을 위한 삶을 만들어 내기 위해서는 많이 배우고 많이 노력해야 한다. 사람들이 흔히 믿는 것과 달리 정보와 지식에는 힘이 없다. 오로지 잠재적 힘이 있을 뿐이다. 만일 성공이 엄밀히 말해 축적된 지식에 기초한다면, 모든 도서관 사서 또는 독서광이 어마어마한 부자가 됐을 것이다. 중요한 것은 당신이 지식을 갖고 무엇을 하느냐에 달려 있다. 당신의 성공은 세 가지로 결정되는데, 그 세 가지는 다음과 같다. 즉, 당신이 알고 믿는 것, 당신의 전략, 당신이 날마다 끊임없이 하는 것이다.

경험은 거저 얻을 수 없는 한 가지다.

— 오스카 와일드Oscar Wilde

지금보다 더 나은 인생을 정말로 원한다면 그것에 필요한 일을 하라. 그렇게 하지 않겠다면 당신 자신과 주변 사람들을 너그럽게 봐주고, 당신은 대가를 치르길 원하지 않으며 안전지대에서 나와 자신을 바꾸는 데 필요한 일을 하는 대신 징징대고 불평만 하겠다는 것을 인정하라. 만일 힘껏 헌신한다면 그 과정이 생각했던 것보다 쉽다는 사실을 알게 될 것이다. 만일 헌신하지 않는다면 생각보다 오래 걸리고 훨씬 어려울 것이다. 헌신하기로 결정하라. 결의를 다지면 큰 힘과 멈출 수 없는 추진력이 생긴다.

여러 해 전 영감과 동기부여 리더인 짐 론Jim Rohn이 말했다. 우리는 훈련이라는 대가 혹은 후회라는 값을 치르는데, 훈련의 무게가 그램 단위라면 후회의 무게는 톤 단위로 엄청나게 무겁다고 말이다. 당신은 꿈꾸는 삶을 위해 작은 대가를 치를 준비가 됐는가?

자아 발견과 놀라운 가능성의 미래로, 우리 함께 여행을 떠나자.

차례

1부

운명의 신은
공평하지 않다

1장 너무 힘들다면 이 길이 맞는지 의심하라

장애물은 나를 꺾을 수 없다. 모든 장애물은 단호한 결의에 굴복한다. 목표에 집중한 사람은 마음을 바꾸지 않는다.

— 레오나르도 다빈치Leonardo da Vinci

성공이라는 단어에 대한 생각과 정의는 매우 다양하고 종류가 많아 남용되고 있는 것 같다. 확실히 성공이란 단어는 누가 연봉을 얼마나 많이 받느냐 또는 순수익이 얼마나 많으냐를 언급할 때 너무도 많이 쓰인다. 물론 돈을 많이 버는 것은 멋질 수 있다. 그러나 엄청난 부를 획득하고도 감정적 또는 육체적으로 쇠약해진 사람들이 많다. 배우자나 자녀들과의 관계를 돈을 위해 희생했거나, 대단한 부를 얻기 위해 심지어 건강을 잃은 사람도 많다. 건강을 잃고 나서 그것을 되찾기 위해서라면 가진 돈을 전부 내놓기를 거부하는 사람을, 나는 한 사람도 본 적이 없다.

돈과 물질적 부를 추구하다 자녀나 배우자의 사랑을 잃은 사람들의 경우도 마찬가지다.

많은 사람이 삶을 희생해 가며 재정적 성공을 달성한다. 그들은 일단 어느 정도 돈을 벌고 나면 여유를 갖고서 가족이나 신, 건강 같은 다른 중요한 것들에 시간을 내겠다고 생각한다. 그러나 사람들 대부분이 결코 그곳까지 도달하지 못한다. 언제나 벌어야 할 돈은 더 많고, 해야 할 일이 더 생긴다. 매일 매일이 가야 할 여정이며, 그 여정이 단지 돈에만 관계된 것이 아님을 깨닫기까지, 대개 너무 늦어 버린다. 삶의 각 영역에서 성공적이고 만족스러운 균형을 이루는 게 중요하다.

나의 소중한 친구 중 하나인 마이클 J. 스테포닉Michael J. Stefonick은 수백만 달러 가치의 사업체를 운영하느라 20년 이상의 세월을 보냈는데 그동안 결혼 생활과 두 자녀와의 관계는 악화되었다. 해마다 갖는 정기 검진 후, 주치의가 그의 뇌 MRI 촬영 결과를 발표했다. 뇌에서 커다란 종양 하나가 발견되었는데, 그로 인해 그는 머지않아 눈이 멀거나 사망할 가능성이 있었다. 치료 방법을 물은 그는 수술만이 유일한 방법이라는 답을 들었다. 게다가 수술 경과가 좋을 확률이 단 50퍼센트밖에 되지 않았다.

마이클은 72시간 안에 회사를 매도하기 위해 준비시키고, 자신의 죽음에 대비해 필요한 모든 조치를 취했다.

10시간의 수술 끝에 커다란 양성 종양은 제거되었다. 마이클은 병원에 3주 동안 입원해 있다가 집에서 요양했다. 그 여러 달 동안 그는 가족의, 곧 그가 등한히 했던 사람들의 간호를 받았다. 현재 그는 자신이 처음 재산을 모은 사업 관련해서 컨설팅 사업을 잘하고 있다. 더욱 중요한 것은, 그가 건강과 자녀, 전 부인, 진정한 친구들에게도 많은 관심을 기울이고 있다는 점이다. 아무튼, 생명이 경각에 달렸을 때에야 중요한 게 무엇인지가 명백해진다.

알겠는가? 생명은 매일 경각에 달려 있고, 당신이 지금 하는 일은 생명과 맞바꾸는 것이다. 다시 말해, 생명은 일련의 거래이고, 매 순간은 말 그대로 소비하여 써 버리는 것이다. 따라서 시간과 우리의 생명은 우리가 선택하는 행동과 교환된다.

당신이 내 친구 입장이었다면 어땠을지 잠시 생각해 보라. 심정이 어땠고, 어떻게 반응했을까? 시간을 되돌려 다른 선택을 할 수 있기를 바라지 않았을까?

전체적 성공을 위한 계획 짜기

성공이란 규정하기가 굉장히 힘들지만 올바른 사고방식과 노하우를 갖추면 풍요롭게 올 수 있다. 풍요, 특히 인생의 모든 측면에서 부를 창출하는 방법을 정말로 이해하는 사람은 극히 적다. 그리고 그보다 더 적은 수의 사람들만 그 결과의 원인을 연구했다. 결과적으로 사람들 대부분이 자신 안에 있는 놀라운 능력이나 자연의 지능에 다가가는 방법을 전혀 이해하지 못한다. 심지어 성공한 사람들조차 자신들이 성공한 진짜 이유를 정말로 이해하지 못한다. 그들은 자신들이 무엇을 하는지 말할 수는 있지만 왜 또는 어떻게 그 일을 하는지는 좀처럼 설명하지 못한다.

그렇지만 당신은 많은 돈을 포함해 전부 가질 수 있다. 사람들 대부분은 이런 사실을 깨닫는 대신 자신의 인생이 어느 정도는 이미 결정된 것으로 받아들인다. 그들은 현재 그들이 사는 방식과 관련해 자신의 출신 환경 또는 조건을 탓한다. 그러나 진실을 말하자면, 당신이 당신의 환경과 현실을 만들어 낸다. 얼마나 많은 사람이 꿈꾸는 삶을 이루기 위해 힘든 환경을 극복해야 하는가?

성공을 이뤄내는 - 나는 삶의 모든 영역에서의 성취를 성공이라 정의한다 - 거의 모든 사람이 어려운 시기에 직면한다. 그들의 비결은 곤경이 운명을 결정한다는 생각에 결코 속지 않는 것이다. 만일 내가 불량 청소년 친구들과 계속 어울렸다면, 만일 내 건강 문제로 제약받기를 허용했다면, 만일 사업이 안 된다고 느꼈을 때 포기했다면, 만일 앞으로 설명할 일련의 충격적인 사건들을 겪은 후 소매치기와 좀도둑질 생활로 돌아갔다면, 만일 두 번째 이혼 후 사랑을 포기했다면, 만일…. 만일 누가 평범한 삶에 정주하는 것에 대해서 핑계를 댄다면, 나 역시 핑곗거리가 많을 것이다. 그렇지만 나는 운이 좋았다. 멘토들에게서 우주를 지배하는 명확한 법칙들을 배웠다. 당신 또한 그 법칙들을 최대한 활용하도록 구체적인 도구들을 제시하며 도울 수 있다. 당신은 그저 정주하지만 않으면 된다. 신은 당신에게 당신이 인생에서 선택하는 무엇이든 창조할 수 있는 능력을 베푸셨다. 당신은 자신이 진짜로 누구인지를 발견하게 되면, 총체적으로 풍요로운 삶을 창조할 수 있고 전부 가질 수 있다는 사실을 믿게 될 것이다.

우리가 사는 우주의, 더 나아가, 당신 자신의 정밀함과 정확성에 대해 알면 알수록, 자신이 가진 능력을 더욱더 이해하게 될 것이다. 그 능력을 활용해 아주 멋진 인생을 지금 당장 창조할 수 있다.

지금 당장 행복해질 수 있다

성공과 마찬가지로 행복 또한 얼마나 많은 돈을 가졌느냐와 관계가 있는 것으로 자주 오해받는다. 그저 충분한 만큼의 돈을 벌면 행복을 살 수 있다. 그저 이것 또는 저것 또는 경험을 사면 행복해질 것이다. '그렇지 않다!'

나는 정말로, 오로지 돈만 추구한 경험이 있다. 좀도둑질이 내게는 돈을 많이 버는 한 방법이었지만 좀 더 크고 중요한 사람이 되고자 하는 갈망을 채워 주지는 못했다. 나는 돈을 물 쓰듯 했다. 놀이공원에 가고 친구들 선물을 사고 먹고 술을 마시느라 주머니를 채우는 즉시 돈을 다 써 버렸다. '번' 돈도, 구매한 어떤 물건도 내게 행복을 주지 못했다. 일시적 위안과 순간적인 만족감은 줬지만 행복은 아니었다.

나는 불량 청소년 생활을 그만둔 뒤에도 여전히 돈이 행복을 가져다 줄 것이라고 생각했다. 그때까지 행복이 오지 않는 이유는 단지 내가 돈을 번 방법이 합법적이지 않아서였다고 생각했다. 그래서 외곬으로 직업적 성공을 추구했고, 나 스스로 그 분야에서 탁월함을 부인하지 않았다. 성공한 부동산 중개인이 되는 것에 극도로 집중해 확실히 성과를 올렸다. 뛰어난 선임들에게 가능한 한 많이 배웠고, 토미 홉킨스Tommy Hopkins와 또 다른 영업 전문가들의 작업에 나 역시 뛰어들었다. 알고 보니, 그들은 늘 자기계발 훈련 또한 적지 않게 하고 있었다. 나는 운 좋게도 그 어느 때보다도 돈을 더 많이 벌면서 – 합법적이고 정직하게 – 나 자신에 대한 자존감을 키웠고, 성공에 대한 정의를 확장해 돈 외에도 더 많을 것을 포함시켰다.

1982년 스물한 살 때 나는 생애 처음으로 부동산 중개업으로 큰돈을 벌었고, 잠시 휴식을 가졌다. 저축한 돈으로 14개월간의 세계 여행을 떠났다. 캘리포니아와 하와이, 피지, 사모아, 통가, 인도네시아, 말레이시아, 싱가포르, 홍콩, 인도, 이스라엘, 유럽, 뉴질랜드, 호주를 여행했다. 언제나 그리고 여행 내내 나쁜 경험은 한 번도 없었다. 무엇보다도 너무나 관대하고 친절한 사람들에게 감명을 받았다. 뉴질랜드에서 어떤 사람들은 단지 나와 이야기하고 나에 대해 알고 나에게 친절을 베풀고자 원래 가려던 길에서 50킬로미터를 더 갔다.

나는 섬나라의 토착 문화에 특히 마음이 끌렸다. 태평양 한가운데 있는 작은 섬의 부족들은, 우리가 매우 중요하게 여기는 편의 시설 없이도 완전히 행복한 듯했다. 고급 승용차, 아니 차 자체가 없었다. 텔레비전도, 식품점도, 건강관리 시설도, 체육관이 포함된 문화센터조차 없었다.

어떻게 그들은 우리에게는 당연히 필요한 듯한 물질적 소유물이 전혀 없이도 그토록 만족할 수 있을까? 그들은 내게 다음과 같은 단순한 규칙을 가르쳐줬다. 즉, 행복은 개인의 선택이며 그 어떤 외적 산물이 아니다.

물질은 당신을 행복하게 해 줄 능력이 없다. 편안함과 즐거움을 줄 수는 있지만 행복은 아니다. 대신, 당신이 행복하기로 '선택'해야 한다. 당신 삶에서 일어나는 어떤 사건 또는 상황을 싫어할 수는 있지만 행복하기로 선택하는 일은 당신의 몫이다. 행복은 내면에서 오는 것이다. 따라서 당신이 행복에 대해 전적인 힘을 갖고 있고, 언제든 행복을 선택할 수 있다.

행복은 사람마다 의미하는 게 다르다. 당신에게 행복이란 무엇을 의미하는지 선택해야 하고, 그다음에 행복을 이뤄 내기 위한 계획을 세워야 한다. 다른 누군가가 생각하는 것에 당신이 도달하거나 그것을 소유해야 하는 게 아니다. 결국 당신 스스로 결정해야 한다.

어떤 인생이라도 당신이 자신의 삶을 만들어 가는 것이다. 그러므로 '전부 가지는' 편이 좋다. 이 책이 그렇게 하도록 도울 것이다.

- 첫 단계는 당신이 정말로 누구인지 아는 것이다. 이 괄목할 만한 주제는 다음 장에서 살펴볼 것이다.
- 두 번째 단계는 당신의 뇌의 능력과 그것을 마음껏 활용하는 방법을 아는 것이다.

· 다음 단계는 우주를 움직이고 지배하며 정밀하고 정확하게 작동하는 주요 자연법칙들을 아는 것이다. 우리는 날마다 당신에게 영향을 미치는 일곱 가지 주요 법칙을 살펴볼 것이다.

· 그 다음에 당신은 당신이 왜 현재 이런 모습인지, 왜 이런 결과를 얻는지 철저한 조사를 시작할 수 있다. 많은 사람이 자신의 삶과 현재의 결과를 고찰하기 위해 잠시 멈추기를 하지 못했다. 이 책을 통해 무엇이 당신의 습관과 신념을 초래했는지 살펴보고 정확히 이해하게 될 것이다. 어떤 것을 고수해야 하고, 어떤 것을 버리고 바꿔야 하는지 결정할 것이다.

· 당신이 현재 인생에서 어느 지점에 있는지 정확히 아는 것이, 내가 말하는 '진북眞北'을 찾는 것이다. 내가 이와 비슷한 방식으로 '북'을 언급할 때 쓰는 용어가 더 있다. 나는 이 강력한 개념에 근거해 힘을 얻은 작가를 최소 두 명 안다. 마사 베크Martha Beck와 스티븐 코비Stephen Covey가 그들이다. 나는 이 개념에 대해 20년 전에 처음 사촌들에게 들었는데, 그들은 이스라엘 군에서 복무할 때 배웠다고 했다. 당신의 현재 결과에 대해 전적으로 정직하고, 자존심 때문에 부풀리지 않는 것이 매우 중요하다. 새로운 나침반을 제시하여, 당신이 원하는 것과 좀 더 정확히 연결되는 방향을 선택할 수 있도록 하겠다. 현재 어떤 위치에 있든 상관없이 결과를 향상시킬 수 있다. 이 여정에는 건강과 부, 영적인 자각, 가족, 친구, 그리고 당신 자신을 표현하기 위해 선택하는 직업이 포

함된다.

- 아마도 전체적으로 가장 중요한 부분은 당신이 삶에서 무엇을 원하는지 결정하고, 그다음에 그것에 도달하기 위한 실제적인 계획을 세우는 일일 터다. 우리는 당신이 꿈꾸는 삶을 설계하고 더욱 큰 성취를 위한 여정을 시작할 것이다.

- 여기서 진짜 중요한 열쇠는 당신이 꿈꾸는 인생을 먼저 설계하고, 그다음 그 방향으로 나아가게 할 계획을 세우는 것이다. 이것은 집을 짓는 것과 다르지 않다. 건축가 옆에 앉아 당신이 바라는 집을 설계하고, 그다음 실행에 옮겨 집을 짓는 것이다. 인생에 대해 당신 자신이 건축가이며, 또 당신이 선택한다면 당신에게 걸작 인생을 전적으로 설계하고 살아갈 능력도 있다는 사실을 깨달을 것이다.

- 또한 성공한 사람들 모두가 꿈꾸는 인생을 만들기 위해 반드시 사용해야 하는 일곱 가지 강력한 요소들인 파워 팩터를 배울 것이다. 이 일곱 가지 요소는 당신이 원하는 무엇이든 만들어 내기 위해서 개발하고 활용할 수 있는 기술들이다.

- 많은 사람이 마음에 떠올려 그려 보는 영상화와 명상에 대해 듣지만 그것을 매일 활용하는 사람은 극히 적다. 당신의 삶을 평온과 고요, 총체적인 성공에 이르게 하는 최선의 방법으로 확실한 두 가지가 있다. 이 책에서 '전부 가지도록' 돕는 이 놀라운 기술을 왜 그리고 어떻게 활용하는지 자세히 알게 될 것이다.

- 돈이란 실제로 무엇이고, 어떻게 하면 계속해서 더 많이 벌 수 있는지를 살펴볼 것이다. 돈을 지배하는 법칙들이 있는데, 이 책은 그 법칙들을 이해하고 당신의 삶에 적용하는 데 도움을 줄 것이다.
- 마지막으로, 당신이 어떤 종교를 믿는 상관없이, 꿈꾸는 삶을 창조하는 데 있어서 믿음이 어떻게 힘을 북돋울 수 있는지 살펴볼 것이다.

진짜 성공하기 위해서 반드시 기진할 정도로 애써야 하는 게 아니다. 우주 안의 다른 많은 기적적인 창조물과 같이 성공이 그저 펼쳐질 수 있다. 잠시 생각해 보라. 오크나무가 자라기 위해 얼마나 힘들게 애를 쓰는가? 대양이 부서지는 파도를 만들어 내기 위해 얼마나 많이 노력하는가? 행성들이 이처럼 완벽하고 조화롭게 움직이기 위해 얼마나 일을 하는가?

2장 당신은 당신이 생각하는 그런 존재가 아니다

> 여기에 나의 비밀, 아주 단순한 비밀이 있어. 오직 마음으로만 제대로 볼 수 있다는 사실이지. 중요한 것은 눈에 보이지 않아.
>
> — 앙투안 드 생텍쥐페리Antoine de Saint-Exupery

당신은 누구인가? 이런 질문을 받으면 당신은 엄지나 검지로 가슴을 두드리며 자신을 가리킬 것이다. 아니, 그건 당신의 몸이라고 하면, 당신은 이름을 댈지도 모른다. 그것 역시 틀린 대답이다. 이름은 태어날 때 받은 것이고, 분명 당신은 그 전부터 존재했다. 당신은 부모님이 당신을 알아채기 전부터 존재했다.

당신을 창조하기 위해 무엇이 있어야 했는지 잠시 생각해 보라. 수십 억 년의 진화를 거쳐 지각 있는 생명체, 즉 인간이 탄생했다. 지적인 에너지가 끊임없이 번식하고 세대를 거칠 때마다 더욱더 영리해졌다.

그리고 두 개의 세포가 결합해 기적적으로 증식해서 하나의 몸과 뇌가 생겨났고, 그것이 지구상의 다른 생물과 경쟁한다. 이 새로운 유기체가 완벽한 지적 에너지의 덩어리로, 곧 우리 눈에 견고해 보이는 형태로 성숙했다. 그렇지만 '당신은' 단순히 하나의 몸 또는 뇌가 아니다. 당신의 몸과 뇌는 당신의 일부일 뿐이다.

당신이 이곳에 존재하기 위해서 어마어마한 양의 지능과 질서가 제자리에 오고, 인간을 만드는 창조적 힘이 각기 역할을 담당해야 했다는 사실을 당신은 인정해야 한다. 아마 당신은 대단히 복잡하고 상호의존적인 우주가 오래전 우연히 발생할 확률은 마치 현대의 인쇄기가 폭발해 최신판 메리엄 웹스터Merriam-Webster's 사전을 만들어 낼 확률과 맞먹는다는 얘기를 들어봤을 것이다. 한번 생각해 보라. 재료는 인쇄소에 다 있고, 자, '폭발이 일어났다!' 수많은 종이가 공중으로 날아가고 잉크가 사방으로 뿌려지며 기계가 작동했다. 짜잔! 무질서한 가운데서 단어가 알파벳순으로 정렬되고 뜻이 적힌 책이 펑 하고 멋지게 묶여 나온다. 말도 안 되는 소리다.

과학적 증거를 좋아한다면 다음을 생각해 보라. 우리는 팽창하는 우주 안에서 살고 있다. 우주는 매 초 매 시간이 지날수록 점점 더 커진다. 우리는 이런 사실을 은하의 속성을 연구해 은하들 사이의 거리가 점점 더 멀어지는 것을 관측함으로써 안다. 그렇다면 시간을 뒤로 돌리면 어떻게 될까? 은하들은 서로 점점 더 가까워져 결국에는 태초의 한 점으로, 곧 과학자들이 '특이점'이라 부르는 것으로 수렴될 것이다. 처음이 있었다면 반드시 원조, 창시자, 조물주가 있었을 것이다. 그렇지 않다면 우리는 원인이 없다고 말할 수 있을 것이다. 그게 가능할까? 아마도. 하지만 논리적이지 않다. 그것은 화학과 물리학의 모든 과학 법칙에 반한다. 우리의 우주에 원인이 없다고 믿는 것은 물질세계에 대해 우리가 아는 모든 지식과 완전히 모순된다.

어떤 사람들에게 물리적 세계는 그 자체로 증거가 충분하다. 마이클 베히Michael Behe는 1996년 그의 책《다윈의 블랙박스Darwin's Black Box》에서 혈액의 복잡성에, 특별히 응고하는 성질에 경탄했다. 그는 지나치게 전문적인 용어를 자제하며리하이 대학교Lehigh University의 생화학 교수인 베히는 '더 이상 단순화할 수 없는 복합체'로서 '효소'와 '공동인자'라는 용어를 사용한다 설명한다. 혈액 응고가 다윈의 자연 선택이라는 방식 단독으로 생길 가능성을 자신은 믿지 않는다고 말이다. 뭔가 다른 것이 반드시 개입되었을 것이라고 그는 말한다. '설계된' 것이 틀림없다고 말이다. 누구에 의해? 그게 무엇이라고 생각하는가?

만일 당신이 설계자, 즉 내가 신이라 부르는 존재를 믿지 않는다면, 이 책은 당신을 설득하지 못할 것이다. 그럼에도 나는 말하는데, 당신은 무한 지능으로 구성되었고, 당신을 창조한 그 존재와 직접 연결되어 있다. 그 존재를 당신이 원하는 대로 부르면 된다. 당신은 그 존재와 분리되지 않았다는 사실을 이해하는 게 중요하다. 이것이 당신이다. 이것이 우리가 "나는"이라고 할 때 의미하는 "나"다.

바다의 물 한 방울 속에 바다의 모든 것이 들어 있고, 물 한 방울은 그것 아닌 다른 것이 결코 될 수 없다. 당신이 근원을 얼마나 받아들이든 상관없다. 그것은 우리가 물이라 이름 붙였으므로 물이다. 물은 실제로 수소 원자 두 개와 산소 원자 하나로 구성되었다. 당신과 나와 마찬가지로, 일정하고 정돈된 진동의 형태로 있는 에너지다.

에너지가 단단히 뭉치면 액체 또는 고체 형태로 나타난다. 물에 열을 가하면 액체가 증기로 바뀌며, 그것을 구성하던 원소들이 대기로 나간다. 육체가 죽을 때도 같은 현상이 일어난다. 몸을 구성하는 원자와 분자들이 흩어져 원래 그것들이 나왔던 근원으로 돌아간다.

나는 나의 정신과 몸의 체계를 F-16 전투기에 비유한다. 전투기의 작동 방법을 잘 알수록 더 쉽게 날 수 있다. 조종사가 전투기 조작 방법을 배우기 위해 받는 훈련을 생각해 보라. 우리 또한 우리 자신의 몸과 마음을 다루고 움직이는 법을 배우기 위해 훈련받아야 한다.

조종사와 마찬가지로 우리는 기초부터 훈련받아야 한다. 그래서 결국, 당신은 정말로 누구인가?

- 몸이라 부르는 외형 속에 있는 '지적인 에너지'다.
- 당신에게는 몸과 두뇌, 즉 매개체가 있다.
- 당신에게는 여섯 가지 지적 기능을 하는 의식적 마음이 있다.
- 당신에게는 세 가지 기능을 하는 무의식적 마음이 있다.
- 당신에게는 사이코사이버네틱 메커니즘이라는 내부 조절 장치가 있어서 당신이 설정한 프로그램 또는 목표에서 벗어나는지 평가

하고 필요하면 자동적으로 수정한다.

· 당신에게는 망상의 활성화 체계라는 광속의 개인 검색 엔진이 있어서 주변의 모든 자료를 거르고, 당신에게 중요한 것에 주의를 집중하게 한다.

· 당신에게는 무한한 잠재력이 있다.

많은 사람이 은혜로 받은 신체적, 정신적 선물에 대해 전혀 알지 못한다. 정신적 능력은 전통적인 IQ 또는 지능지수에 불과하다고 생각한다. 그러나 지능을 결정한다고 여기는 IQ는 우리가 소유한 다양한 유형의 지능들 중 그저 하나일 뿐이다. 우리에게는 영적, 감정적, 직관적 지능 또한 존재한다.

· 영적 지수SQ: 모든 지적 존재와 창조물의 근원에 우리가 연결되어 있음을 자각하고 이해함

· 감성 지능 지수EQ: 언어와 논리, 음악, 운동 감각 등 다양한 유형의 지능을 포함하는 다중 지능

· 지능 지수IQ: 지능 테스트로 측정되는 지능 정도로, 실제 연령에 대한 정신 연령의 비율

· 직관 지수IQ: 자신의 것이든 다른 사람에게서 나오는 것이든, 느껴지는 것의 주파수 또는 진동을 알아차리는 능력

우리는 눈에 보이지 않지만 대부분 확실히 존재하는 세계를 항해하는 데 이러한 능력들을 사용한다.

신체

사람의 몸은 경이 그 자체로 인간이 만든 그 어떤 기계와도 같지 않다. 너무도 많은 사람이 자신의 생명의 유일한 '매개체'인 몸을 마치 다 쓰고 나면 다른 것으로 대체할 수나 있는 것처럼 다룬다. 당신은 자기 몸이 어떻게 작동하고, 눈으로 볼 수 없는 세계로 다가가기 위해 무엇을 할 수 있는지를 반드시 정확히 알아야 한다.

당신은 신체의 오감으로 듣고 보고 맛보고 냄새 맡고 만질 수 있다. 당신의 신경계가 그런 자극들을 알아차리고, 뇌가 그것을 지각과 과거의 조건에 기초한 '내부' 지식으로 바꾼다. 당신의 몸은 당신이 제트기처럼 여기저기 다니도록 창조되었고, 오감은 각기 다른 주파수의 다양한 에너지원에서 오는 정보들을 취합한다.

오감은 오늘날 당신이 사는 물리적 세계를 당신이 돌아다닐 수 있도록 엄청나게 발전해 왔다. 당신은 음파로 이뤄진 소리를 '듣는다'. 눈으로는 광파를 '보며', 당신이 마음의 화면으로 보는 이미지는 정보 안에 있는 에너지에 지나지 않는다. 당신이 어떤 것을 익숙하게 보면, 뇌는 눈으로 보고 이전의 기억을 통해 인지한 그 정보를 분석한다. 만일 소리나 이미지를 인지하지 못한다면, 당신은 기억 은행에서 그것에 대한 새로운 기준을 만들어 내기까지는 그것이 무엇인지 '이해가 안 간다'고 말하게 된다. 당신의 뇌는 다양한 에너지원의 주파수를 해독하고, 당신이 겪은 모든 경험을 보관할 능력이 있다. 또한 정보를 분석한다. 그러면 당신은 신념이나 습관, 상황 같은 다양한 요인에 기초해 결정을 내린다. 당신의 뇌는 대단히 훌륭한 장치인 것이다!

비물질적 연결

당신과 나는 몸이라 불리는 구조물 안에 있는 순수한 지적 에너지다. 영과 마음, 몸 사이의 흐름은 끊임없이 지속적이고 창의적이다. 정신 신경 면역학심신 의학 연구는 우리의 생각과 느낌이 신체 건강 또는 건강 이상에 얼마나 깊이 영향을 미치는지 보여 줌으로써 이런 사실을 뒷받침한다.

20대 초반에 나는 궤양성 대장염 진단을 받았다. 분명 스트레스와 관련이 있지만 의학적 원인은 밝혀지지 않은 난처한 질환이었다. 어떤 증상이 있었나? 대장에 생긴 궤양 때문에 출혈과 심각한 염증, 또 그로 인한 복부 통증과 설사 등 불편한 증상이 많았다. 얼마나 많은 사람이 '가장 당혹스러운 순간'의 일화를 갖고 있는지 아는가? 이 궤양성 대장염 덕에 나에게도 그런 일화가 생겼다.

당시에 나는 부동산 중개업에서 나 스스로가 엄청 잘나가는 사람이라 생각했다. 사실 나는 돈을 많이 쓰는 고객들을 몬트리올에서 토론토로 이주시키는 일을 하기 때문에 조금이라도 더 나이가 들어 보이려고 애를 쓰는 스물두 살의 야망 있는 청년이었다. 어느 날 은행장인 고객을 태우러 내 차 캐딜락 세단 드빌을 운전해서 갔다. 돌이켜 생각해 보면 그때 나는 꼭 아버지 차를 몰고 나온 듯 보였을 것 같다. 최신 모델에 내부가 은백색이었던 차는 부동산 중개업자에게 완벽히 어울렸다. 40대 중개업자라면 말이다. 상당히 멋져 보였음에도 나는 3, 4주째 궤양성 대장염을 심하게 앓고 있던 터라 몸 상태가 좋지 않았다. 공항에 도착했을 때 발작이 일어났다. 결장이 심하게 부었다. 나는 몇 주 동안 음식을 별로 먹지 못했는데, 뭐든 음식이 들어가면 속에서 파열이 일어났기 때문이다.

나는 공항에서 고객을 차에 태운 뒤 가장 가까운 주유소로 직진했다. 주유소로 진입해 차에서 뛰어 내려서는 화장실로 달렸다. 그러나 너무 늦었다. 멋진 이탈리아 맞춤 양복을 그야말로 다 버렸다. 대박 실례를 범했다.

나는 화장실로 달려가 바지와 속옷을 벗어 조그맣고 하얀 세면대에서 종이 수건을 가지고 깨끗이 하려고 애를 썼다.

30분쯤 뒤, 화가 난 고객이 남자 화장실로 들어왔다가, 셔츠와 넥타이를 매고 양말까지 말끔히 신은 반면에 맨 엉덩이를 드러낸 채 있는 나를 발견했다. 그는 충격을 받은 듯했다.

"무슨 일입니까? 괜찮아요?" 아마도 내가 폭행을 당했을 거라고 생각한 듯 그가 물었다.

내가 뭐라고 대답할 수 있었겠는가? 나는 그에게 솔직하게 내 상황을 알리고, 바로 이런 경우를 대비해 갖고 다니는 여벌이 차 트렁크에 있다고 말했다. 나는 그가 가져다준 옷으로 갈아입었고, 우리는 내 집으로 운전해 갔다. 집에서 나는 제대로 씻을 수 있었다. 사실 그날 나는 그 남자와 전화로만 통화했었지 처음 보는 사이였다. 하지만 그는 그 상황에서 엄청나게 친절히 행동했다.

지금은 그때 일에 대해 웃을 수 있지만 당시에 나는 너무 창피하고 당황스러워 다리에서 뛰어내리고 싶은 심정이었다. 그런데도 내가 이 일화를 소개하는 것은, 그게 그리 중한 병이 아니더라도 심각하고 예측 불가능하며 말도 안 되는 불편을 초래한다는 사실을 이해시키기 위함이다. 정신력으로 다스릴 상황이 아니었다. 당시에 나는 정신력으로 문제를 다스리는 것에 대해서는 전혀 알지 못했고, 문제를 그저 '억누르다가' 사라지게 만드는 것도 불가능했다. 그렇지만 문제를 해결할 열쇠가 있는 곳은 정말이지 나의 정신이었다. 나는 그 문제를 통제하기 위해서 매일 알약 스물다섯 알을 먹고, 코르티손 관장을 두 번씩 했다. 그것은 유쾌하지 않았다. 더구나 나는 미혼이었고 데이트를 하려고 노력 중이었으니 말이다. 얼마 전에 나는 그 병을 다스렸지만, 환자였던 동안에는 비참했다.

나는 그 끔찍한 질환의 결과를 바꾸기로 결심하고는 그 질환에 대해 공부했다. 스트레스가 증상 발현에 얼마나 큰 역할을 하는지 알게 된 후 나 스스로 병을 치료하는 일을 시작했다. 그 병으로 인해 굴욕감을 느낀게 단지 주유소에서의 사건뿐만이 아니었기에, 나는 거기서 벗어나고 싶은 마음이 굴뚝같았다. 그런 당황스런 일을 겪으면 누구든 그 병에 그만 굴복하고 끌려가거나 아니면 문제를 일으키는 원인을 찾아 다룰 거라고 생각한다.

인과 법칙은 매우 중요하다. 물리적 세계에서 우리는 우리가 한 일, 우리의 생각, 우리의 행동, 다른 사람의 행동의 결과를 빈번히 본다. 그런데 우리는 옳은 생각, 즉 우리가 삶에서 얻고 싶은 결과를 낳게 할 생각을 하길 원한다. 모든 것이 생각에서 시작된다. 우리가 원인에 집중하면 결과는 저절로 처리될 것이다.

나는 인과 법칙을 머릿속에 확고히 새기며 궤양성 대장염의 전문가가 되었다. 심지어 나의 내과 의사보다 더 많이 공부했다. 의사가 나를 위해 할 수 있는 것은 계속 약을 추천하는 것뿐이었다. 대신에 나는 엄격한 식이 요법을 감행했고, 어마어마한 양의 영상화와 적절한 식사, 운동, 긍정의 말, 글쓰기를 병행했다. 모듈식 영상화의 구체적 방법에 대해서는 뒤에서 배울 것이다. 스트레스와 병을 유발하는 옛 일정표를 치우고서 여유 있고 침착하며 평온한 나 자신을 날마다 그려 보았다. 그리고 나의 결장이 치료되고 건강해지는 것을 보았다. 나는 다음과 같은 긍정의 말을 써서 내가 온종일 볼 수 있도록 곳곳에 붙여 놓고, 자주 반복해 읽었다.

나의 몸과 몸 안의 모든 장기는 나의 잠재의식 속에 있는 무한 지능에 의해 창조되었다. 그가 나를 치유할 방법을 안다. 그가 지혜로 나의 모든 장기와 조직, 뼈, 근육을 만들었다. 내 안에 있는 이 무한한 치유하는 존재가 지금 내 존재의 원자 하나하나를 바꾸고, 나를 완전하고 완벽하게 만들고 있다. 나는 지금 일어나고 있는 나의 치유에 대해 감사한다. 내 안에 있는 창조적 지능이 행하는 일이 너무도 경이롭다! 나는 지금 완벽히 건강하다.

요컨대 나는 내 몸을, 디팩 초프라Deepak Chopra가 매우 유려하게 제시하듯, 세포 수준에서부터 개조하기 시작했다. 그가 말했다. 인간의 몸은 스스로 끊임없이 활기를 되찾는다. 간세포는 약 6주 만에, 피부 세포는 단 4주 만에, 위벽 세포는 단 4'일' 만에, 안구 세포는 단 이틀 만에 재생된다. 얼마나 놀라운 사실인가? 당신은 말 그대로 이틀마다 새 안구를 갖는 셈이다! 매초, 천만 개의 세포가 죽고 천만 개 이상의 세포가 재생된다. 초프라는 설명한다. 질병이 발생하면 세포가 그 질병을 기억하고, 그 세포가 재생되어 병을 지속시킨다.

초프라가 말하는 그 "유령 기억"를 지워 버릴 수 있다면 그 질병 또한 제한하고 제거할 수 있다. 스스로 치유하기에 성공한 사람은 "공백"에 빠질 수 있는 사람이고, 그 장소는 "생각 뒤의 사색가"가 존재하는 공간이라고, 그는 말한다. 이를 당신의 본질과 접촉하는 것이라고 간단히 표현할 수 있다. 사람들 대부분이 이와 같은 몸과, 몸 안에 있는 모든 것의 근원 사이의 연결을 이해하지 못한다. 이 지능이 몸 안의 모든 것을 창조했고, 지능이 그 모든 것이다. 사람들 대부분이 그저 제한된 조건 안에서 살며, 그들은 오직 그 안에 있는 것만 보거나 느낄 수 있다고 받아들이며 산다. 그러나 초프라를 비롯한 많은 의사는, 자연적 치유를 경험한 사람들의 이야기를 무수히 많이 알고 있다. 그들은 명상과 "더 높은 자아"와의 재연결을 통해 시력을 되찾거나 양성 종양이 치유되었고, 나의 경우는 궤양이 나았다.

당신의 더 높은 자아 또는 영적인 측면은 우주의 주요한 부분이며, 마찬가지로 당신 몸에서도 주요한 부분이다. 당신이 그것을 의식하든 의식하지 못하든 말이다. 이제 우리는 모든 것이 다른 모든 것의 일부이며, 그것들 모두가 서로 연결되어 있다는 사실을 안다. 우리는 서로, 그리고 우리를 창조한 것과 분리된 별개가 아니다.

사람들 대부분이 성과를 얻으려면 단지 열심히 하기만 하면 된다고 생각한다. 그러나 당신의 목표와 꿈을 성취하는 보다 쉽고 훨씬 효과적인 방법이 있다. 당신 몸의 핵심적이고 화학적이며 물리적 능력을, 우주와 당신의 더 높은 자아의 힘과 함께 사용한다면 모든 것이 완벽히 흐른다. 자연에서 당연히 그리고 실제로 그러하듯 말이다. 인간이 방해가 되지 않는다면, 자연에는 완벽한 균형이 있다. 따라서 당신은 당신의 길에 방해가 되지 않는 법을 배워야 한다.

한번 상상해 보라. 당신의 몸이 로켓 우주선이고 당신의 영적인 면은 추진 로켓, 즉 부스터라고. 부스터가 당신의 여정에 중대한 영향을 미칠 수 있다는 데 당신도 동의할 것이다. 사람들 대부분이 로켓 우주선을 힘들게 끌고 다니면서도, 부스터를 켜고 사용할 줄을 모른다. 부스터를 작동시키자!

회의론자나 부정적인 사람들은 세계적 문제를 도저히 해결할 수 없다. 그들의 시야는 빤한 현실에만 제한되어 있기 때문이다. 우리에게는 없던 것을 꿈꿀 줄 아는 사람이 필요하다.

— 존 에프 케네디John F. Kennedy

당신의 몸에는 컴퓨터와 마찬가지로 운영 체제가 있다. 어떤 기능은 우리가 잠재의식적 마음이라 부르는 것에 통제되도록 프로그램되어 있다. 또 어떤 기능은 의식적으로 통제할 수 있다. 예를 들어 무엇을 먹을지 선택하는 기능 같은 것 말이다.

이와 같은 두 가지 체제의 정확한 기능과 능력을 이해해야, 각 체제가 제대로 기능하게 할 수 있다. 일단 당신이 원래 의도된 대로 재능을 사용하기 시작하면 당신의 삶은 전에 없이 순리대로 흘러갈 것이다.

먼저 당신의 의식적 부분부터 시작해 보자. 의식적 부분은 파악하기 쉽다. 여섯 가지 지적 기능으로 이해할 수 있다. 당신이 완벽히 통제하고 전부 다 알고 있는 기능들이다.

이런 기능들에 대해 전에 들어본 적이 없더라도 놀라지 마라. 그렇다면 어떻게, 그리고 언제 이런 중요한 정보를 배워야 하는가? 내가 아는 한 학교에서는 이런 것을 가르치지 않는다. 이런 정보는 우리가 누구인

지에 관한 정확한 원인을 알고자 찾는 사람이라면 누구나 손쉽게 얻을
수 있지만, 나는 이런 근원적인 원칙을 정말로 알고자 하는 사람을 좀처
럼 만나지 못했다. 이 원칙은 매우 유익하다! 나는 의식적 마음의 편리
함에 대해서 20년 전 나의 초기 스승이자 멘토의 한 분인 밥 프록터에게
상세히 설명을 들었다. 또한 그는 당신이 뒤에서 읽게 될 법칙들을 내게
설명해 준 첫 번째 사람이기도 하다. 나는 그가 이런 개념의 창시자는
아니지만 복잡한 주제들의 정수를 뽑아 실행할 수 있는 원칙들로 재구
성한 대가라고 생각한다.

당신의 첫 번째 지적 기능은 이성이다. 의식적 측면은 당신이 거리를 걷거나 야구공을 치거나 바느질을 하는 등 일상을 살아갈 때 결정을 내리게 하고, 무슨 일이 일어나는지 의식하게 한다. 당신이 선택하는 것 전체를 의식적 마음이 담당한다. 당신은 자신이 원하는 일을 하게끔 생각을 정하고 몸을 움직일 수 있다.

이 세상에서 아무도 당신을 대신해 당신의 생각을 선택할 수 없다. 누가 당신에게 어떤 행동을 하게끔 강제할 수는 있어도 당신의 생각은 '전적으로' 당신이 통제한다. 당신이 어떤 생각을 선택하면 그것이 당신 몸에 감각을 만들어 낸다. 당신은 행동을 취하고, 그러면 결과가 만들어진다. 어떤 결과이든, 그것에 앞서 행동이 있다. 바로 '당신이' 선택한 행동이. 따라서 당신은 그 결과에 대해 전적으로 책임져야 한다.

만일 당신의 삶에서 현재 일어나고 있는 일이 마음에 들지 않는다면 당신은 이성을 사용해 의식적으로 다른 선택을 해야 한다. 당신이 원하는 것을 생각하고 평가하기 위해서 이성, 즉 의식적 마음을 사용해야 한다. 이성적으로 사고하는 능력이 당신의 최고 강점이 아니라면, 진지하고 중요한 결정을 내려야 할 때 친구나 가족의 도움을 받아라. 멘토와 함께 작업하는 것에 대해서는 좀 더 배울 것이다.

당신의 두 번째 지적 기능은 의지다. 의지는 정신적 강인함이다. 의지가 없다면 풍요한 삶을 살 희망도 결코 없다. 주변의 모든 게 무너지는 듯할 때 당신의 의지가 결의를 다지게 하고, 몸이 더는 나아갈 수 없을 것 같을 때도 의지가 당신을 계속 앞으로 나아가게 한다.

서부 펜실베이니아에서 지하 240피트약 7천 미터 · 옮긴이의 침수된 수직 갱도에 갇힌 아홉 명의 탄광 광부를 궁지에서 벗어나게 한 것은, 의심의 여지 없이 그들의 의지였다. 그들은 초반 스무 시간 동안은 그저 구조 작업만 기다렸다. 굴착 장비가 서부 버지니아에서부터 그 현장까지 와야 했기 때문이다. 그리고 대형 드릴 비트가 100피트 아래의 단단한 암석에 부딪히자, 그들은 구조 작업이 재개되기까지 또다시 18시간을 기다려야 했다. 광부들은 구조 작업자들과 직접 소통이 불가능했기 때문에 구조팀이 그들을 찾을 수 없는 것인지 아니면 구조 작업을 포기했는지 등, 어떤 상황인지 도무지 알 수 없었다. 그들 중에 가족들에게 작별 인사를 종이에 남긴 사람이 여럿 있기는 했지만, 전체적으로 그들은 갱도 밖으로 나갈 것이라는 희망을 꼭 붙들었다. 의지를 놓지 않았다. 결국, 아홉 명의 광부 모두가 구조되었다.

물이 찬 비좁은 갱도 안에서 무거운 작업복에 77시간 짓눌려 있으면 누구라도 쉽게 공황에 빠질 수 있다. 그렇지만 그들은 힘을 내서 끝까지 침착했고 살아남았다. 갱도 내벽과 파이프를 두드려 구조자들에게 자신들의 위치를 알렸다. 그리고 한 사람도 잃어버리지 않도록 서로의 몸을 묶어 연결했다. 설사 누가 죽더라도 차가운 물에 떠내려가지 않도록 해야겠다고 생각했다. 말 그대로 그들은 머리를 계속 들고 있었다. 수면이 오르락내리락했지만 모두가 숨을 쉴 수 있도록 자리를 잡아 가면서 말이다.

이것은 광부 자신들의 의지와 구조자들의 헌신, 가족들의 믿음으로 광부들이 살아 돌아올 수 있었던 놀라운 이야기다. 한 여인은 남편과 형제가 갱도에 갇혀 있는 시간 동안 내내 기도했다. "나는 알았어요…. 그들이 살아올 것을요."라고 그녀는 말했다.

마찬가지로 영감을 불어 넣으면, 위기가 아닐 때라도, 언제든 의지를 사용할 수 있다. 의지는 당신의 가장 큰 자원 중 하나다. 당신이 인생에서 원하는 것을 정확히 선택하고, 중요한 것을 추구하기 시작하면, 그것을 하려는 당신의 의지가 힘든 시기에 당신을 지탱해 준다.

일반적으로 당신의 삶의 성과는 당신의 큰 의지로 결정된다. 탁월한 관계, 물질적 풍요, 빛나는 건강 등을 이뤄 내려면 강한 의지가 필요하다.

당신은 나를 쇠사슬로 묶고 고문하고, 심지어 내 육체를 죽일 수 있을지 모르지만 나의 정신은 결코 가두지 못한다.

— 마하트마 간디Mahatma Gandhi

신기하게도, 어떤 사람들은 엄청난 의지력을 갖고 태어난 것 같다. 그들은 다른 사람들은 그저 포기하고 마는 아무리 높은 산이라 하더라도 오른다. 만일 당신이 스스로 의지력이 약한 것 같아서 바꾸고 싶다면 어떻게 하겠는가? 당신이 열망하는 것을 찾아라. 거기서부터 의지력이 발생하기 때문이다. 갱도에 갇힌 광부들에게서는 삶에 대한 본능적인 갈망이 효과를 발휘했다. 당신은 삶 속에서 당신이 많이 끌리는 것에 더 많은 의지를 발휘하게 된다. 당신을 흥분시키는 뭔가 크고 흥미롭지만 성취하기에 쉽지만은 않은 것을 찾아라. 그것을 해 봐라! 의지는 근육처럼 발달하기 때문에 많이 사용할수록 더욱더 강해진다.

당신의 세 번째 지적 기능은 기억이다. 이것 역시 근육과 같아서, 어떤 사람들은 남보다 더 많이 훈련한다. 신경 또는 화학적 문제를 차단하면 누구나 뛰어난 기억력을 가질 수 있다. 기억력을 강력하게 유지하기란 당신이 어떻게 하느냐에 달려 있다. "어떤 것이든 사용하지 않으면 잃는다."라는 속담을 기억하라. 기억력의 핵심은 훈련인데, 당신 뇌에 저장된 것을 떠올리는 기법을 배우면 된다. 기억력은 절대로 사라지지 않는다. 다만 사용하지 않으면 약해진다. 만일 당신이 원하는 만큼 기억력이 기능하지 못한다면 의식적 마음을 개발하는 몇 가지 훈련을 시작하라. 기억력을 위해 뭔가를 하기 시작하라! 기억력을 향상하는 데 도움을 주는 게임과 방법이 수도 없이 많다. 나의 자녀들은 항상 '집중' 놀이를 한다. 카드 한 벌을 펼쳐서 엎어 놓은 뒤 한 번에 한 장씩 바로 돌려놓으면서 짝을 맞춘다. 카드의 맞는 짝의 위치를 기억하는 게임의 다양한 버전이다. 또한 성인의 기억력 향상을 위해 고안된 책이나 강의 등 다양한 자료를 구입할 수도 있다. 기억 근육을 키우는 데 도움이 된다면 어떤 것이든 상관없다.

당신의 네 번째 지적 기능은 인식이다. 당신은 아마 우편 및 화물 특송 회사 '페덱스'의 로고를 수없이 봤을 텐데, 거기서 화살표를 본 적이 있는가? 화살표를 찾을 수 있겠는지 다음 그림을 한번 보라. 주의 깊게 봐라. 바로 그림 속에 있다.

FedEx

찾았는가? 못 찾았다면 철자 'E'와 'X' 사이의 공간을 보라. 화살표를 찾았다면, 앞으로는 절대 놓치지 않을 것이다.

알아채든 못 알아채든 당신은 화살표를 내내 보았다. 그것은 그 자리에 죽 있었으니까. 당신이 인식하지 못했을 뿐이다. 보는 것과 인식하는 것은 같은 게 아니다.

우리가 그동안 배운 것과 달리 우리는 사물을 우리 눈으로 보는 게 아니다. 눈을 통해서 본다. 빛은 우리 눈의 동공을 통과해 망막에 닿고, 우리 마음에 상을 만들어 낸다. 뇌는 그 상이 익숙한지 아닌지를 결정하고, 우리에게 필요하지 않은 정보는 익숙한가 아닌가에 기초해서 의식에서 탈락시킨다. 그래서 우리는 보이는 것을 그대로 다 보지 못한다. 오로지 익숙하게 본 것만 본다. 주변에서 일어나는 실제 현상을 단지 언뜻 본다. 우리가 할 일은 단지 우리의 신체 감각뿐만 아니라 정신의 더 높은 기능도 사용하는 것이다. 우리 자신을 다른 식으로, 무엇이 가능한지 보는 것이다. 그런 다음 우리 자신과 우주 사이에서 이미 진행되고 있는 춤을 추기 시작하라.

사실 우리는 세계를 실제로 있는 그대로가 아니라 '오로지 우리가 존재하는 대로' 본다. 우리의 신념과 습관이 필터로 작용해 진실과 가능성에 방해가 된다. 신념과 습관은 정신적 맹점을 만들고, 이 맹점은 또 우리의 '현실에 대한 내부 지도'와 조화되지 않는 시각적 또는 감각적 자료 입력을 빠뜨린다. 우리는 신념이라는 선입관에 따라서 말하고 행동하고 주장한다. 그 결과 신념과 습관은 우리의 자존감과 다양한 관계, 성공, 업무 능력, 정신적, 신체적 건강에, 심지어 다른 사람이 우리를 대하는 방식에까지 영향을 미친다. 왜냐하면 사람들은 우리가 자신을 보고 대하는 바로 그 방식으로 우리를 대하기 때문이다.

사람마다 자신의 신념이나 습관, 조건에 기초해 세상을 다르게 보고 해석하기 때문에, 인식은 일종의 만능패다. 사람들은 서로 신념이 비슷할 수 있지만 살면서 겪는 사건들을 분류하고 이해하는 방법이 다르기 때문에 대체로 경험 또한 달라지는 것이다.

보는 데 마음이 열려 있고 판단하지 않는 사람은 실제 일어나는 현상에 대해 이해력이 좋다. 판단하지 않고 관찰하는 것은 하나의 기술이다. 당신의 관점은 무한한 가능성의 영역에서 단지 하나일 뿐이라는 사실을 이해하면 또 다른 관점에 문을 열 수 있다. 다른 사람의 관점을 받아들이고 숙고하면 당신의 경험은 풍부해진다. 세상의 너무나 많은 갈등이 사람들의 경직된 인식과 마음가짐에서 야기된다. 사람들은 세상이 단순히 자신들이 배우고 가진 프로그램과 신념에 기초한다고 여긴다. 다른 사람의 관점과 신념을 인정한다면 우리 모두에게 큰 도움이 될 것이다.

앞으로는 당신이 좋아하지 않는 사람이나 상황에 맞닥뜨리면 당신의 내적 대화에 주의하라. 그 상황에 당신이 어떻게 대응하고 반응하는지 의식하라. 자신에게 물어라. "무엇 때문에 나는 이렇게 판단하고 반응하는가?" 마음을 엄밀히 조사하면 당신이 세계를 인식하는 방식을 좀 더 깊이 이해할 수 있다. 예를 들어, 운전할 때 누가 끼어든 경우, 어떻게 대응할 것인지 생각해 보라. 그 차가 지나가도록 침착하게 허용할 것인가? 어떤 식으로든 분노를 표출할 것인가? 다른 차의 침입 때문에 과장되게 한숨을 쉬며 방향을 틀 것인가?

당신이 어떻게 반응하든 거기에는 당신 자신을 향한 단 하나의 물음이 깔려 있다. 다른 운전자의 성격이나 운전 방식에 대한 물음이 아니다. 바로 '당신'에 관한 물음이다. "누군가 나를 가로막았다면 그것은 '내게' 무엇을 의미하는가?" 어떤 사람은 "그가 날 존중하지 않는다."라고 말할지 모른다. 다른 사람은 "나와는 아무 상관이 없다. 저 사람이 그저 미치광이처럼 운전할 뿐이다." 또 어떤 사람은 "사람들은 늘 나를 이용해!"라고 말할지 모른다.

로스앤젤레스에 살 때 나는 운전하는 동안 누가 앞으로 끼어들거나 교통이 정체될 때마다 내가 미친 듯이 분노하는지 나의 반응을 살피는 것이 큰 훈련이 되었다. 그래서 내 견해의 함정에 빠지는 대신 '교통 체증 때문이야. 나와는 상관없는 문제야.'라고 생각하는 법을 배웠다.

당신이 어떤 상황에 반응하는 것을 관찰했다면 마찬가지로 특정 개인과 상관이 없는 또 다른 경우에도 어떻게 반응하는지 살펴보라. 그 상황에서도 '단지 교통 체증 때문이야'라고 생각할 수 있겠는가? 살면서 하는 당신의 모든 반응은 하나의 가능한 인식을, 즉 무한한 견해 중 단하나의 가능한 해석을 반영한다는 사실을 알 수 있겠는가? 이것이 판단하지 않는 관찰자가 되기 위한 출발점이다.

> 당신의 상상력이 초점에서 벗어날 경우에는 당신의 판단을 믿을 수 없다.
>
> — 마크 트웨인Mark Twain

당신의 다섯 번째 지적 기능은 상상력이다. 상상력은 정신이 활동할 수 있는 큰 영역을 제공한다. 창의적 과정은 이 가능성과 탐험의 장에서 시작된다. 당신이 될 수 있고 가질 수 있는 모든 놀라운 것에 대해 꿈꾼다면 어떻겠는가? 창의적인 사람들은 모두 상상력을 활용해 아이디어를 만들어 내고, 결국 그 단순한 생각에서부터 확실한 실재를 끌어낸다. 레오나르도 다빈치Leonardo da Vinci는 상상력으로 헬리콥터와 탱크, 낙하산을 비롯해 그의 시대에는 만들 수 없었던 여러 가지 발명품을 그렸다. 그는 모든 정보와 가능성의 영역을 활용했다.

모든 것은 먼저 머릿속에서 창조되고, 그다음에 물질적 형태로 만들어진다. 당신은 원하는 뭐든 상상할 수 있는 능력이 있다. 당신의 모든 지능과 에너지와 함께 상상력을 완전히 활용하라.

당신은 상상력을 통해서 비물질성의 또 다른 주파수를 이용할 수 있다. 머릿속의 생각 또는 비전은 당신의 마음이라는 화면에 뜬 이미지를 형성하는 에너지 가운데 아주 적은 양에 불과하다. 당신은 뭐든 상상할 수 있고, 다른 사람이 가지고 있고 당신이 보는 것과 같은 물질적인 등가물을 만들어 낼 수 있다. 주변을 둘러보면 이 말이 사실임을 알게 될 것이다. 인간이 창조하고 발견한 모든 것은 누군가의 머릿속에서 시작되었다.

상상력은 의식적 마음 가운데서 가장 오해받는 영역 중의 하나다. 어른들은 때때로 매우 활동적인 아이들이 어른들의 뜻대로 행동하지 않아 그들의 상상력을 억누르는 경향이 있다. 그러나 아이들의 상상력을 칭찬해 줘야 한다. 설사 그것이 '적절하거나 성숙하거나 예의 바르게 보이지' 않을 때도 말이다. 상상력은 가능성의 세계로 직접 연결된다.

한번 상상해 보라. 당신에게 1억 원의 여윳돈이 생겨 뭐든 할 수 있다고. 앞으로 한 달 동안 그 어느 때와도 비교할 수 없을 정도의 최고로 낭만적 사랑 관계를 갖게 된다고. 상상만이라도 해 보라. 희망으로 날아오르라. 그리고 당신 몸의 떨림을, 신체적으로 어떻게 느끼는지, 정신적 고양, 감정에 어떤 일이 일어나는지 관심을 가져라. 당신이 모든 좋은 것을 상상할 때 당신의 몸은 긍정적인 주파수에 진동한다. 그것을 느낄 수 있겠는가? 이제 당신에게는 원하는 만큼 상상하는 능력

62

이 있다는 사실을 알아라. 그리고 어떤 생각과 느낌을 거듭 반복하는 상상력을 사용하면 잠재적 수준에서 그 주파수 안에 있도록 하는 '조정된 프로그램'을 만들어 낼 수 있고, 그다음에 당신이 바라는 결과를 얻기 위해서 할 수 있는 모든 일을 할 때 당신의 목표와 꿈이 당신에게로 끌려온다.

당신의 여섯 번째 지적 기능은 직감이다. 당신이 주의를 기울인다면, 엄청나게 강력한 직감은 '진동'을, 맞건 틀리건 막연한 느낌을 알아챈다. 이 직감은 심지어 서로 한마디 말도 나누지 않았어도 그 사람에 대해 갖게 되는 느낌이고, 위험이 있음을 감지하는 느낌이며, 사업이나 사생활에서 빠르게 행동을 취해 기회를 잡아야 함을 알려 주는 느낌이다.

느낌은 진동을 알아채는 것에 지나지 않는다. 당신 몸의 원자와 세포의 떨림이다. 당신은 자신의 느낌을 신뢰하고 직감을 믿으며, 직감이 뭔가를 알려 주려고 할 때 알아보는 법을 배워야 한다.

지나치게 머리에 의존하고 분석하려 드는 경향이 있는 남자보다 여성은, 직감이 더 뛰어나다고들 한다. 물론 이 말은 단지 일반화에 불과하다. 누구든 직관적일 수 있고, 또 누구든 분석적일 수 있다. 그리고 직감을 단지 뉴에이지 가입자나 열혈 환경운동가를 위한 다소 믿을 수 없는 발상 정도로 여기지 마라. 직감과 관련해 나는 첫 분별력을 거리에서 얻었다. 거리에서 나는 위험을 피하고 기회를 포착하기 위해 늘 '안테나'를 세우고 있어야 했다. 직감이 내가 일일이 다 셀 수 없을 만큼 여러 번 내 목숨을 구했고, 한 번 이상 감옥행을 피할 수 있게 해줬다. 나는 내 직감을 믿는 법을 배웠기 때문에, 기회가 왔을 때 부동산 중개업이 내게 맞는 직업이라는 예감을 자연스럽게 따랐다. 그리고 나중에는 세계 여행을 할 때라는 직감이 왔을 때, 세계 여행을 감행했다. 직감이 내게 1999년 주요 인터넷 거래에 진입할 때를 알려 줬고, 또한 시장이 완전히 붕괴하기 직전 거기서 빠져나올 때도 알려줬다. 또한 나는 5개월 동안 내 느낌을 진단하며 퇴장을 미루지 않았다면 수익을 훨씬 더 많이 냈을 것이다. 지금 나는 불평하는 게 아니다. 언제나 느낌에 주의를 기울이는 일이 너무도 중요함을 확실히 알려 주고 싶을 뿐이다. 나는 '매번' 내 직감을 믿고 따를 때마다 큰일을 해냈다.

직감을 활용하기 위해서는 먼저 당신의 머리보다 직감을 더 느끼는 것부터 시작하라. 머리에 중점을 둔다면, 당신은 그냥 아는 더 높은 자아가 아닌 모든 신념과 과거의 훈련에 기초해 '느낌'을 처리하게 된다. 직감은 느낌에 주의를 기울이고 속도를 늦추며 당신의 밖이 아닌 내면을 의식함으로써 개발할 수 있다. 이 책이 제시하는 명상 훈련이 특히 도움이 될 것이다.

능력의 진짜 중심이자 근원: 잠재의식과 그 세 가지 기능

당신의 의식적 마음은 언제나 약 1,100만 조각의 정보를 받아들이지만 당신은 단지 40에서 2,000조각만 인식한다. 그러면 나머지 1,099만 8,000조각의 정보는 어떻게 되는 것인가? 당신은 그 정보를 당신의 의식에서 떨어뜨린다. 그것들이 당신에게 필요하지 않거나, 당신의 뇌를 조정해 그것들을 탈락시키도록 하기 때문이다.

뇌에서 의식적 인식과 의식적 사고, 의식적 행동, 의지력, 고집을 다루는 부분은 전체 뇌 부피의 약 17퍼센트를 아우르지만 인식과 행동의 단지 2에서 4퍼센트만 통제한다. 비의식적 또는 잠재의식적 마음은 뇌 전체의 6분의 5를 구성하고, 인식과 행동의 96에서 98퍼센트를 통제한다. 뇌의 잠재의식적 부분은 시속 1억 6,000미터보다 더 빠르게 이동하는 자극들을 조절하면서 평균적으로 초당 4,000억 개의 활동을 담당한다. 잠재의식적 마음은 그림과 반복적 패턴을 인지하는데, 거짓과 사실을, 상상과 실제를 구별하지 못한다. 당신이 보내는 그림이나 영상을 완전히 사실로 믿는다. 그러므로 당신의 삶에서 가장 많은 부분을 통제하는 이 영역을 정복하는 게 타당하지 않겠는가? 삶의 여러 목표 중의 하나는 당신 안의 이 신성한 영역을 진정으로 발견하는 것이어야 한다. 이 영역을 많이 발견하면 할수록 당신의 삶과 재능을 더 많이 창조할 수 있다.

잠재의식은 대체적으로 당신이 눈치채지 못하고 있는 정신의 한 부분으로, 앞에서 언급했듯, 추진 로켓 부스터다. 의식 영역의 능력이 당신의 인생의 첫 단계라면, 잠재의식 영역의 능력은 백만 번째 단계라 할 수 있다. 이것이 당신의 뇌가 무제한의 잠재력을 가진 이유다. 1경 번의 전기적이고 화학적인 작용과 반작용이 당신의 놀라운 뇌에서 항상 일어나고 있다. 맞다, 당신은 천재다.

잠재의식적 마음은 대단히 놀랍다. 그것을 사용하는 법을 다른 사람에게 가르치는 것은 고사하고 그 작동 방식조차 아는 사람이 극히 적지만 말이다. 잠재의식적 마음은 비유적으로 표현해 대부분의 시간 동안 당신에게서 숨어 있고, 당신이 성장하는 동안 거의 또는 전혀 관심이나 설명을 받지 못하기 때문이다. 특별히 학교에서 말이다. 성인이 되었을 때도 거의 주목을 받지 못한다.

이제 이런 추세를 바꾸자!

무엇보다도 먼저, 잠재의식은 당신이 살아 있도록 하며 당신의 필수적인 생체 기능 전부를 작동시킨다. 여기에는 세포의 재생도 포함된다. 매초 천만 개의 세포가 죽고 다음 순간 천만 개 이상이 대체된다. 잠재의식은 힘의 근원으로서 당신이 볼 수는 없지만 그럼에도 당신이 숨 쉴 때마다 완전한 기적을 행하고 있다.

잠재의식이 당신의 심장을 조절하고 음식을 소화시키며 체온을 완벽하게 유지시킨다. 우리 눈에 보이지 않지만 잠재의식이 조정하는 몸의 기능을 전부 다루려면 여러 장이 필요하니, 간단히 의학 자료나 심신을 다룬 책들을 참고해 보라. 매초 당신을 살아 있게 만드는 모든 활동을 의식적으로 따라가기란 불가능하다고만 말해 두겠다.

우리가 직시하는 모든 것을 바꾸기란 불가능하지만 직시하기 전에는 그 어떤 것도 바꿀 수 없다.

— 제임스 볼드윈James Baldwin

둘째로, 잠재의식은 당신이 지금껏 해온 모든 기억과 습관, 신념을 저장한다. 잠재의식은 당신의 모든 습관을 자동적으로 조절하고, 당신이 염려할 필요 없이 '프로그램'을 진행하도록 절대적으로 확실하게 해 준다. 잠재의식은 당신의 개인 운영 체제인 것이다. 당신의 능력을 사용하는 것과 비교하면 컴퓨터 조작은 너무도 쉬워 보인다.

잠재의식 속에 하나의 습관이 한번 박히면, 당신이 사는 동안 만들어 낸 다른 모든 프로그램과 마찬가지로, 그 습관은 일종의 자동 조정 장치 모드가 된다. 이 장치는 경이 그 자체다. 당신과 제일 친한 친구처럼 작동할 수 있지만 잘못된 프로그램이 작동되기 시작하면 당신을 망연자실하게 만들 수도 있다. 왜냐하면 일단 작동이 시작되면 멈추기가 언제나 쉬운 것은 아니기 때문이다. 손톱 깨물기나 습관적으로 내뱉는 "어, 있잖아" 같은 단어를 비롯해 몇 가지 흔한 버릇을 생각해 보라. 그 버릇 중 하나라도 고치려 애써 본 적이 있다면 그게 얼마나 끈질긴지 알 것이다. 나는 어릴 때 손톱을 물어뜯었고, 내 아들 키넌도 우리가 몇 가지 긍정적 단언과 영상화 기법으로 그 버릇을 고치도록 도울 때까지 손톱을 물어뜯었다. 우리는 또한 아이의 손톱에 매운 것을 발라, 아이가 손톱에 다시는 입을 갖다 대지 못하게끔 하기도 했다. 3주 동안 지속적으로 노력해야 했지만 아이는 해냈다. 그때 아이의 나이는 겨우 일곱 살이었다. 아이는 한두 번 뒤로 돌아가기도 했지만 그때마다 우리는 즉시, 계획을 다시 실행했다. 현재 아이는 더 이상 손톱을 물어뜯지 않는다.

정신적 습관 또는 사고 패턴의 경우도 마찬가지다. 사고 패턴은 교육과 반복, 부모나 형제자매의 동조 효과 또는 경험과 평생에 걸친 훈련의 영향으로 당신의 비의식적 마음에 고정된 사고방식을 말한다. 비의식적 마음은 감정과 행동으로 표출된다. 당신의 숨은 자아상이 비의식적 마음에 거하는 것이다. 당신이 비의식적 마음에 새기기로 의식적으로 선택하는 모든 생각이 반복되면 당신의 개성 가운데 비의식적 부분에 고정된다. 그러면 그 고정 관념은 어떤 의식적인 지원이 없어도 계속 스스로 표출된다. 고정 관념을 흔히 습관이라는 말로 더 자주 부르고, 축적된 습관을 '길들여진' 마음이라 부른다.

잠재의식에 뿌리박힌 사고와 행동 방식을 바꾸려면 의식적 노력을 만만찮게 기울여야 할 것 같지만 그리 어렵지는 않다. 당신에게 있을 수 있는 긍정적이든 아니면 부정적이든 모든 습관도 마찬가지다. 신발 끈을 묶는 방식에서부터 돈에 대한 신념, 다른 사람들과 함께 일하는 방식에 이르기까지 말이다.

이와 관련해 당신이 맞닥뜨리게 될 가장 큰 문제는, 일단 습관이 잠재의식에 고착되면 당신은 그것과 연결된 모든 것을 끌어당기고 당신 또한 그것에 끌린다는 사실이다. 당신의 습관과 신념이 어떻게 만들어지고 바뀌는가에 대해서는 뒤에서 더 알아볼 것이다. 이런 현상은 당신이 그 습관 또는 신념을 좋아하건 싫어하건, 그리고 그 결과를 좋아하건 싫어하건 상관없이 일어난다. 예를 들어, 당신이 사람은 믿을 수 없다는 견해를 갖고 있다면 당신과 동일한 신념을 가진, 곧 신뢰할 수 없고, 따라서 당신의 견해를 뒷

받침해 주는 사람들과의 교우 관계에 끌리게 된다. 정직한 사람들이 나타나도 당신은 알아채지조차 못할 수 있다. 정직은 당신이 켜고 있는 레이더나 주파수에 맞지 않을 테니 말이다. 다른 사람에게서 정직이란 덕목을 인지한다 해도 당신이 정직을 의심하기는 해도 꼭 못 알아채리라는 법은 없다., 당신은 그것에 끌리지 않을 것이다. 한계를 인정하고 잠재의식 속의 그 신념을 바꾸려는 노력을 시작하기 전까지는 말이다.

외면이 영구적으로 바뀌기를 원한다면 먼저 내면의 신념을 바꿔야 한다. 이 점에서 실패하기 때문에 자주, 다이어트를 하는 사람들이 늘 원래 몸무게로 돌아간다. 그들은 의지력을 사용해 스스로 굶지만 '프로그램'과 자아상은 바꾸지 않는다.

잠재의식은 깊이 새겨진 명령이나 습관을 거부할 능력이 없다. 최면술사가 자발적 참여자에게 하는 것을 한번 생각해 보라. 그들은 사람의 의식적인 부분을 건너뛰어, 곧장 잠재의식적 마음으로 들어가 자기 암시를 통해 참여자가 개처럼 짖거나 입 안에 신맛을 느끼게 만든다. 여기서 얻는 교훈은? 잠재의식은 생각이란 것을 하지 않는다. 생각은 잠재의식의 기능이 아니다. 잠재의식은 단지 명령을 수행할 뿐이다. 잠재의식이란, 당신이 깨어 있든 잠을 자든 하루 스물네 시간 늘 당신이 명령만 하면 달려올 준비를 하고 있는 당신의 개인 요정이라고 생각하라.

잠재의식이 하는 세 번째 역할은 정말로 신비롭다. 잠재의식은 당신을 완전한 보편 지능과 에너지장의 비물질적 수준과 연결시킨다. 이 에너지장들을 분리하는 경계선은 없다. 수백만 개의 다른 에너지의 주파수들이 있고, 잠재의식적 마음을 통해서 당신은 모든 것의 공급원에 직접 연결될 수 있다.

당신이 보거나 볼 수 없는 모든 것은, 본질적으로 끊임없이 움직이고 진동하는 에너지라는 사실을 물리학에서 배웠을 것이다. 우리 눈에 보이지 않는 에너지와 정보에 잠재의식이 접근할 수 있다. 당신 안의 지적인 에너지가 다른 모든 에너지장과 지능에 연결되어 있고, 당신이 삶에서 이루길 원하는 것은 무엇이든지 갈망과 생각에서 시작된다.

생각은 단지 다른 진동 안에 있는 사물이다. 당신이 원하는 게 새로운 신체든 또는 재정적인 더 큰 성공이든 상관없다. 모두 동일한 방식으로 작동한다. 일단 당신이 습관과 신념을 원하는 것에 맞춰 조정하면 잠재의식이 당신의 생각에 상응하는 신체를 만드는 데 필요한 것과 당신의 진동이 즉시 조화를 이루도록 움직인다. 그렇기 때문에 생각을 현명하게 선택해야 하는 것이다. 당신은 당신이 가장 많이 생각하는 바로 그것을 얻고, 또 바로 그렇게 된다.

당신이 원하는 생각들을 의식적으로 선택할 때, 그 생각들을 잠재의식에 새기기 시작하는 것이다. 오랜 시간이 흐르면서 새롭고 더욱 강력한 프로그램이 만들어지고, 당신은 새로운 영구적 주파수를 설정하게 된다. 차 안의 라디오 주파수를 당신이 좋아하는 방송국 채널에 맞춰 설정하는 것과 같다. '채널'이 선택되면 그 채널과 일치하는 우주의 모든 것이 즉시 움직여 물리적 형태를 띤다.

당신이 어떤 생각을 하면 당신의 몸은 그 생각과 조화를 이루어 진동한다. 그래서 긍정적인 생각을 하는 게 매우 중요하다. 오직 긍정적인 생각이 긍정적인 것을 끌어당기고, 부정적인 생각이 부정적인 것을 끌어당기는 것이다. 사람들 대부분이 정확히 자신이 원하지 않는 것에 초점을 맞추고는, 어째서 늘 그런 일이 생기는지 의아해한다. 마치 그들은 '원하지 않는 것'에 주파수를 맞추고서 그 채널이 나오자 놀라는 것과 같다. 명심하라. 당신은 채널을 선택할 수 있고, 다이얼을 돌려 원하는 주파수에 수신기를 맞출 수 있다는 사실을.

많은 사람이 자신이 원하는 것을 명확하게 정하지 않거나 머릿속의 이미지를 끊임없이 바꿔 보편 지능을 혼란스럽게 한다. 그들은 채널을 이리저리 자주 바꾼다. 당신의 삶에서 원하는 결과가 실현되게 하려면 '채널을 고정'시켜야 한다.

세계의 비물질적 영역이야말로 진정한 능력이 있는 곳이다. 그곳은 마치 우리 개개인이 동등하게, 그리고 전적으로 언제 어디서든 접근할 수 있는 원자력 발전소와 같다. 벽에 설치된 콘센트에 플러그를 꽂듯 사람들 대부분에게는 '모든 것'의 무한한 공급원에 접속할 선택권과 능력이 있다.

당신은 생각을 통해 이 대단한 자원을 이용할 수 있다. 당신이 할 일은 원하는 것을 선택하고, 그 이미지를 최대한 명확하게 그리고 자주 붙잡으며, 갈망하는 게 무엇이든 그것이 비물질계에서 물질계로 이동하게끔 허용하는 것이다. 이것은 그저 기다리며 두고 보라는 뜻이 아니다. 당신 또한 원하는 목표에 접근하도록, 할 수 있는 모든 일을 해야 한다.

좋은 생각을 심어라

당신의 생각을 아주 작은 당근 씨 또는 참나무의 도토리와 다를 바 없는 씨와 같다고 여겨라. 정원사가 씨를 심을 때 첫째 임무는 심는 일을 완수하는 것이다. 두 번째 임무는 물을 주고, 땅속에서 자라는 데 필요한 것을 확실하게 보장해 주며 심은 씨를 책임지고 돌보는 것이다. 누구든 씨가 얼마나 자랐는지 보려고 날마다 씨를 파내어 확인하지 않을 것이다. 그냥 씨가 자랄 것을 믿는다. 우리가 씨가 자랄 것을 아는 것은, 인류가 수천 년에 걸쳐 씨를 심어 왔고, 알맞은 조건만 갖춰지면 씨 대부분이 싹을 틔웠기 때문이다.

시험대가 있다. 사람들 대부분은 물질적인 것에 깊이 뿌리를 두고 있어서 즉각적인 만족을 얻길 원하고, 즉시 결과를 얻지 못하면 인내심을 잃는다. 사람들은 증거를 원한다. 증거가 없으면 아무 일도 일어나지 않기 때문에, 또는 그렇다고 생각하기 때문이다. 창조할 가치가 있는 모든 것은, 그 과정 또한 기쁘게 지켜볼 가치가 있다.

나는 내 인생에서 놀라운 것들, 그중에서도 나의 두 아들이 탄생하고 성장하는 모습을 경외감을 갖고 지켜봤다. 반면에 사람들의 인생이 그들의 선택과 이해 부족 때문에 파괴되는 모습도 보았다. 그렇기 때문에 나는 무지는 더없는 기쁨이 아니라 수치라고 늘 말해 왔다.

사실, 비물질적 세계의 무언가가 물질로 만들어지기까지 얼마나 많은 날, 주, 해가 걸리는지 당신은 모른다. 당신에게 제안한다. 물질적인 증거가 없어도 믿으라고. 우주는 완벽하며, 당신이 갈망하는 씨를 심고 돌보기만 한다면 그게 무엇이든 우주가 그것을 만들어 내는 쪽으로 움직일 거라는 사실을 붙잡으라고. 믿음을 가져라.

3장 우주를 움직이는 대원칙: 최소 노력, 최대 수확

문제는 그 문제가 발생한 수준에서는
결코 해결할 수 없다.

— 알베르트 아인슈타인Albert Einstein

당신의 뇌는 두 눈 사이에 있는 약 1.3킬로그램의 물질로 인류가 아는 것 중에서 최고로 정교하고 복잡하며 놀라운 장치다. 이 뇌가 당신이 보고 말하고 느끼고 행하는 모든 것을 통제한다. 우리는 이처럼 강력한 도구를 마음껏 사용할 수 있으니, 그 작동 방식, 특히 최적의 작동 방식을 이해해야 할 책임이 있지 않을까?

몇 가지 기본적인 사항부터 살펴보자.

먼저, 당신은 단지 에너지일 뿐이라는 사실을 이해하는 게 중요하다. 가령 고성능 현미경으로 물질의 가장 작은 기초 단위들 – 원자나 양자,

전자가 아닌 작디작은 중성자, 글루온, 쿼크, 중간자 등 원자 내의 미립자들 - 을 들여다보면 그저 아주 작은 빛의 전자기적 진동파만 보일 것이다. 이런 조각들이 당신을 구성하고 있고, 당신의 뇌는 그 조각들 각각의 진동을 통제한다.

둘째로, 당신의 뇌는 신경 조직 발생이라는 과정을 통해 새로운 뇌세포뉴런들이 자라게 할 수 있다는 사실을 아는 것 또한 중요하다. 얼마 전까지만 해도 과학자들은 사람은 유전적 소인을 타고나 바꿀 수 없다고 믿었다. 그러나 현재 누군가 "나는 그저 이렇게 태어났어. 이게 나의 태생적 상태야."라고 말한다면, 그 말은 단지 반만 맞다. 유전적 소인이 당신의 내적 프로그래밍의 약 오십 퍼센트를 설명한다면, 나머지 오십 퍼센트는 먼 옛날 유년기에 배우고 머릿속에서 조절된 행동 양식과 인식, 신념, 습관에서 비롯된다. 좋은 소식이 있다. 즉, 뇌가 어떻게 작동하는지 이해함으로써, 당신은 오래전 형성된 조건을 바꾸고, 뇌의 내재적 천재성을 활용해 목표와 꿈을 성취할 수 있다.

예전의 뇌, 새로운 뇌

먼저 뇌의 세 가지 주요 부분을 빠르게 살펴보자. 목의 맨 윗부분 근처에 있는 뇌간은 냉혈 동물 파충류의 뇌와 비슷하게 생겨서 '파충류' 뇌라고도 불린다. 뇌간은 호흡을 비롯해 신체의 많은 본능적 기능을 조절한다.

'옛 포유류'의 뇌는 온혈 포유류의 뇌와 비슷하다. 감정과 성욕을 지배하며, 기억력에서 중요한 역할을 담당한다.

석기 시대에 살던 초기 인류는 포유류 뇌와 파충류 뇌에 의존했다. 그때 이후 뇌의 이 부분들은 전두엽이라 불리는 뇌의 새로운 부분과 겹쳤다. 전두엽은 인간 뇌의 35에서 40퍼센트를 구성하고, 모든 가능성의 장과 연결하는 부분이다. 흥미롭게도, 침팬지의 전두엽은 뇌의 약 70퍼센트를 차지하는 반면, 개의 경우는 약 7퍼센트, 고양이의 경우는 단지 3퍼센트 정도만 전두엽이 차지한다. 전두엽은 마치 최고경영자 또는 오케스트라 지휘자와 같아서 초점과 집중, 학습, 관찰에 관여한다. 불행히도 보통 사람은 1분에 7번에서 10번 정도 집중력을 잃는다. 당신의 뇌가 양자장, 즉 눈으로 볼 수 없는 세계와 상호작용하도록 하려면 전두엽을 활성화해야 한다. 전두엽이 바로 당신이 원하는 것에 연결해 주는 부분이다. 또한 당신의 의식이 산만해지는 것도 막아 준다.

그러면 어떻게 전두엽에 접근하는가? 명상과, 집중 능력을 조절함으로써 가능하다. 명상은 내면에 집중하는 방법을 배울 수 있게 해 주고 그렇게 함으로써 전두엽을 활성화한다. 당신은 명상을 통해, 단지 당신의 개인적 최고경영자 또는 전무 이사에게 연결될 뿐만 아니라 지능 자체와 당신이 원하는 정보를 담고 있는 양자장에 접속하는 방법 또한 스스로 배우게 된다. 명상에 관해서는 뒤에서 좀 더 배울 것이다.

두뇌 가소성

흔히 신경 가소성이라 불리는 두뇌 가소성은 뇌세포가 새로운 연결부를 만드는 능력을 말한다. 당신이 이 글을 읽고 있는 바로 지금 당신의 뇌세포는 초당 평균 1백만 개의 새로운 신경 접합부, 시냅스를 만들고 있다. 당신은 글을 읽고 생각하고 듣고 뭔가를 하거나 경험할 때마다 뇌의 신경 접합부를 강화하고 있는 것이다. 나이가 들수록 신경 체계의 활동성을 유지 또는 증가시키는 일이 중요하다. 신경 체계의 활동성이 증가할 때 당신의 지능이 향상되고, 뇌가 새로운 해답을 찾는 능력 또한 향상되기 때문이다.

과학자들은 알베르트 아인슈타인Albert Einstein의 뇌가 보통의 다른 사람들의 뇌 크기와 별반 다르지 않다는 사실을 발견했다. 그러나 보통 사람들의 뇌보다 신경 접합부의 수가 20에서 25퍼센트 정도 더 많다는 사실을 알아냈다.

뇌의 가소성으로 인해 당신은 새로운 사고 패턴과 행동 양식을 배울 수 있는데, 이 사실 또한 사고 패턴과 행동 양식이 기존 생각대로 '타고난 것'이 아님을 입증한다. 당신은 "난 그냥 이렇게 생겨 먹었어."라고 말하는 대신 바꾸고 새로운 방식을 배우기로 선택할 수 있다. 그러면 뇌의 신경 접합부들이 바뀌고 당신은 새로운 신경 다발들이 지시 또는 명령하는 것에 기초해 다른 식으로 인식하고 행동하게 된다. 이는 곧 당신은 당신이 선택하는 뭐든 성취할 수 있음을 의미한다. 따라서 당신이 할 일은 당신의 새로운 목표와 꿈에 도움이 되는 새로운 신경 접속부들을 만드는 것이다. 그렇게 하면, 그리고 오로지 그럴 때만 삶의 어느 영역에서든 성공을 이루기가 쉬워진다.

뇌의 두 측면

예전에는 오직 IQ만 사람의 잠재력을 측정하는 유일한 기준으로 여겼다. 불행히도 IQ는 언어와 수, 논리로 작업하는 능력, 곧 좌뇌가 통제하는 기능만을 살핀다. 오늘날에는 뇌의 양 측면, 곧 좌뇌와 우뇌 모두와 이 두 개의 대뇌반구를 연결하는 부분인 뇌량腦梁의 중요성을 인식하고 있다.

- 좌뇌는 언어와 논리, 수, 수학, 순서를 강조한다.
- 우뇌는 운과 리듬, 음악, 그림, 상상력을 강조한다.
- 뇌량은 좌뇌와 우뇌, 이 두 개의 뇌를 연결한다.

어떤 사람들은 세계를 논리적이고 체계적이며 조직적으로 다룬다. 또 어떤 사람들은 좀 더 개념적이고 사회적이다. 이처럼 뇌의 다른 측면을 활용하는 사람들의 두 유형을 이해하면, 어느 쪽이 다른 쪽보다 나은 것이 아니라 그저 정보를 처리하는 방식이 다르다는 것 또한 이해한다. 이런 이해를 통해 당신은 일례로 스스로 영리하지 못하다거나 착하지 못하다는 낮은 자존감을 없애고 자신에게 다른 가능성들을 열어 줄 수 있다.

다중 지능

당신의 뇌에는 서로 다른 방식으로 기능하는 두 개의 반구뿐만 아니라, 세상을 살아갈 때 사용할 수 있는 다양한 유형의 지적 능력들도 있다. 이런 정신적 지능은 IQ와 다르며, 다중 지능이라 알려져 있다. 여기서는 자세히 들어가지 않고 지능의 여러 유형과 각 유형의 지능이 드러나는 몇 가지 방식을 개략적으로만 살펴보겠다.

- 언어 지능: 소리나 의미, 말의 순서에 대한 감수성을 드러낼 때 이 지능을 사용한다. 이 지능이 높은 사람은 글을 읽고 말하고 들으며 쓰는 것을 좋아한다.
- 논리-수학 지능: 수학이나 또 다른 복잡한 논리 체계에서 능력을 나타낼 때 이 지능을 사용한다. 이 지능이 높은 사람은 문제를 해결하고 추론하며 순차적으로 생각하길 좋아한다.
- 음악 지능: 음악을 감상하고 이해하며 창작할 때 사용하는 지능이다. 이 지능이 높은 사람은 노래하고 흥얼거리며 음악에 맞춰 장단 맞추기를 좋아한다.
- 시각-공간 지능: 시각적 세계를 정확히 인지해 마음속에 또는 종이에 재창조하는또는 바꾸는 능력이다. 이 지능이 높은 사람은 상상

하고, 공간 속 사물을 다루며, 예술품 창조하기를 좋아한다.

· 신체-운동 지능: 이 지능 유형이 높은 사람은 자기표현과 목표 성취, 오락을 위해 신체를 능숙하게 사용한다. 움직이는 것을 좋아하고, 움직임 또는 행동을 통해 자신을 표현하기를 좋아한다.

· 개인 간 지능: 이 지능을 통해 다른 개인, 곧 다른 사람의 기분, 욕망, 동기를 인지하고 이해한다. 이 지능이 높은 사람은 사람들과 소통하고 듣고 설득하며 협상하기를 좋아한다.

· 개인 내 지능: 이 지능 유형을 사용해 자기 자신의 감정과 가치 기준, 개인 사상을 이해한다. 이 지능이 높은 사람은 생각하고 내적 목표들을 정하며 혼자 있기를 좋아한다.

· 자연 탐구 지능: 이 지능으로 식물군과 동물군을 알아보고 자연계를 구별하며, 그 능력을 생산적으로 활용한다. 이 지능이 높은 사람은 자연에 민감하고, 식물계와 동물계를 포함해 세계의 다양한 연관성과 패턴을 이해한다.

각 사람은 이 중 한두 가지 지능에서 선천적으로 탁월함을 보일 수 있다. 당신은 어떤 지능에서 강점을 보이는가? 그 지능 유형을 개발해서, 당신의 진정한 가치를 격하시키는 것에 대응할 수 있다. 당신이 가치 있고 총명하며, 삶의 어떤 영역에서든 원하는 것을 만들어 낼 자격이 있다는 사실을 마음으로 진짜 믿기 시작하면, 당신은 그렇게 되고 그것을 창조하게 될 것이다. 바로 이런 기초적 사실을 통해서도 나는, 당신이 얼마나 강력한 사람인지 이해시키고 싶다.

학습의 네 단계

심리학자들은 사람들이 기술을 능숙하게 연마하는 과정에서 심리적으로 네 단계를 거친다고 이해한다.

첫 단계는 '무의식적 무능력'이라 불린다. 이 단계의 사람들은 중요한 것을 이해하지 못하며, 자신이 모른다는 사실조차 모른다. 다시 말해, 자신이 무엇을 모르는지를 모른다. 무지 상태에 있는 것이다.

두 번째 단계는 '의식적 무능력'이라 불린다. 이 단계의 사람들은 자신이 무능하다는 사실을 스스로 인정하고, 다른 사람들 앞에서도 인정한다.

세 번째 단계, 곧 '의식적 유능력' 단계에 있는 사람들은 뭔가를 하는 방법을 이해하고 알지만 많은 주목과 집중을 요구한다. 의식적 유능력은 올바른 것을 바른 순서로 반복해서 할 때 얻는다.

네 번째이자 마지막 단계인 '무의식적 유능력'은 전문적 운동 선수나 음악가, 성공한 금융 전문가, 진정으로 위대한 선조들에게서 볼 수 있는 단계다. 이들은 제2의 천성이 되다시피 해서 수월하게 행할 수 있는 너무도 완벽한 기술을 보유한다.

무의식적 유능력과 관련된 가장 최근의 연구 중 하나는 런던에서 실험실 쥐를 이용한 것이었다. 이 실험에서 쥐들은 백 번의 시도 끝에 미로 속에서 매우 빠르게 길을 찾아갈 수 있었다. 동일한 미로에서 200번에서 500번의 반복적 시도 후에는 새끼 쥐들에게서 동일한 능력이 관찰되었다. 유전자 각인이 바뀐 것이다.

무의식적 능력이 되기까지 수천 번은 아니더라도 수백 번의 반복된 시도가 필요하다. 당신이 무엇인가에 완벽하고자 한다면 그것을 거듭 반복하는 것으로는 충분하지 않다. '완벽하게' 반복해야 한다. 마찬가지로 당신이 뭔가 잘못된 것을 거듭 반복하면 '그것이' 당신의 능력이 될 수 있다.

이것은 두뇌 가소성의 개념을 되짚어 보게 한다. 당신이 뭔가 새로운 것을 배우면, 뇌의 두 가지를 연결하는 하나의 접합부가 만들어진다. 당신이 새로운 정보를 주의 깊게 듣고 반복해서 적용함으로써 강화하면, 뇌의 세포 구조 또는 세포 클러스터를 강화해 의식적 유능력에서 무의식적 유능력으로 나아가는 것이다.

당신이 정보를 의식적 유능력에서 무의식적 유능력으로 나아가게 하지 않는 한 정보 자체는 쓸모가 없다. 정보를 모으고 사고 패턴 또는 행동 양식을 거듭 반복하여 뇌를 강화함으로써, 목표를 성취할 수 있는 방식으로 뇌가 움직이도록 훈련해야 한다.

망상 활성계

가장 중요한 뇌의 기능 중 하나는 망상 활성계 또는 RAS다. 당신의 눈을 통과해 곧장 머리 뒤쪽을 본다면 뇌의 후두엽 근처에 있는 그물망처럼 생긴 세포 집단을 볼 수 있을 것이다. 그것이 RAS로, 뇌가 받아들이는 모든 감각적 정보를 자세히 살피며 하루 24시간 일주일에 7일을 쉬지 않고 작동하는 세포 집단이다. 이 망상 활성계는 한 가지 간결한 질문을 스스로 던진다. 이것이 내 주인(바로 당신을 말한다!)에게 중요한 정보인가?

정보가 중요하지 않다면, 곧 당신이 꼭 원하는 것이 아니거나 당신의 생명을 구하는 것이 아니라면, 망상 활성계는 당신이 그것을 감지하게 하지 않는다. 당신의 의식의 시야에서 그 정보를 그냥 떨어뜨린다.

당신이 뭔가 걱정을 하면 망상 활성계가 당신을 위해 알아낸다. 예를 들어 당신이 돈이 부족하거나 과체중, 관계, 적임자, 사업 유치와 관련해 걱정하면 망상 활성계는 그 주제와 관련된 정보를 가져와 당신이 알아차리게 만든다. 가령 당신이 특정한 종류의 차를 살 생각을 하고 있다고 해보자. 그러면 그때부터 갑자기 곳곳에서 그 차종이 당신 눈에 띈다는 사실을 눈치챘는가?

또 다른 예를 들어 보겠다. 당신이 주차할 공간을 찾는다면 당신의 망상 활성계는 빈 공간을 찾아내기 위해 주차장 전체를 죽 훑는다. 누군가는 쇼핑몰에서 걸어 나오고 누군가는 승용차에서 내리거나 차를 탄다. 당신의 망상 활성계는 광속으로 움직이며 당신이 원하는 모든 것과 원하지 않는 모든 것을 찾는다.

의식적 마음이 정보를 취해 능력의 중심지인 비의식적 마음에 각인시키면서 망상 활성계를 자극하면, 전에는 미처 알아채지 못했던 것들을 망상 활성계가 찾기 시작한다. 이것은 당신이 탁자 위에 열쇠를 놓고도 마치 눈가리개를 쓴 것처럼 보지 못하는 것과 다르지 않다. 지금 당장, 당신이 성취하기 원하는 성공을 위해 훈련하지 않으면, 당신은 바로 눈앞에 있는 것도 보지 못할 수 있다. 바로 당신 앞에 있는 게 보여서 그동안 어디 숨어 있었는지 의아할 것이다.

사이코사이버네틱 매커니즘

여러 해 전에 맥스웰 몰츠Maxwell Maltz는 《사이코사이버네틱스Psychocybernetics》한국어 번역본은 《맥스웰 몰츠 성공의 법칙》이라는 제목으로 나옴 - 옮긴이라는 책을 썼다. 사이버네틱스는 어떤 장치의 작동 방식과, 온도 조절 장치 또는 미사일 유도 장치 같은 기계나 동물 안에 있는 제어 및 응답 체계를 지칭할 때 쓰는 말이다.

가령 우리가 낚시하러 먼바다로 나왔다고 해보자. 나는 배를 정북으로 향하게 했다. 이때 당신이 내게 와서 말한다. "존, 고기가 안 잡히네요. 우리 다른 곳으로 가도 괜찮을까요?" "물론이죠." 그러고서 나는 타륜을 15도 돌린다. 배는 방향을 틀었는데, 갑자기 다시 원래대로 돌아가 이전처럼 정북을 향한다. 이번에 나는 타륜을 40도 움직여, 배가 확실히 방향을 틀어 나아가도록 한다. 그러나 배는 이전처럼 방향을 돌려 또다시 정북을 향한다. 이쯤 되자 당신은 짜증을 내기 시작하고, 나는 말한다. "이전보다 더 많이 방향을 돌려 보겠습니다." 나는 타륜을 한 바퀴 획

돌려 정반대 쪽으로 배를 몰았다. 그러나 배는 돌아가더니 또다시 정북으로 향했다.

왜 계속 이런 일이 벌어질까? 배 안에 사이버네틱 장치가 있기 때문이다. 배가 미리 프로그램된 경로를 이탈할 때마다 사이버네틱 장치가 자동 대응 장치에 신호를 보내 배를 프로그램된 경로로 돌아오게 한다.

마찬가지로 당신의 뇌에도 사이버네틱 장치가 있다. 바로 이 장치 때문에 사람들이 로또에 당첨되고 나서 그 돈을 다 탕진하는 것이다. 또는 살을 뺀 다음 다시 예전으로 돌아가는 것이다. 또는 폭력을 행하는 사람과 관계를 끊었다가 또다시 폭력을 행하는 사람과 관계를 맺는 것이다. 왜 그럴까? 왜냐하면 그들의 자동 조절 장치가 바로 그 단계로 설정되어 있기 때문이다.

당신의 기대점은 과거에 형성된 조건에 기초해 이미 설정되어 있다. 그 프로그램을 바꾸지 않는 한 당신은 이전 상태로 되돌아갈 것이다. 의지력과 끈기를 발휘해도 효과가 없을 것이다. 이 부분에서 신경 가소성이 정말로 잘 작동한다. 당신은 옛 뇌, 옛 자동 조절 장치를 들어내고 완전히 갈아야 한다. 다른 식으로 보고 행동하기에 앞서 당신의 자동 조절 장치를 리셋해야 한다.

편도체

'편도체Amygdala'는 '아몬드almond'를 뜻하는 그리스어에서 온 라틴어 단어다. 아몬드 같은 모양을 지닌 편도체는 뇌 속의 뉴런 덩어리로, 인지와 행동에 대단한 영향력을 발휘한다. 잠재적이고 실제적인 스트레스를 감지하고, 그에 대응해 신경 전달 물질을 방출하도록 지시한다. 이때 당신은 의심과 두려움, 불안을 느끼는 것이다.

당신이 삶의 어떤 영역에서든 성공의 다음 단계로 성장 또는 이동할 때면 의심이나 두려움, 불안을 느끼는 것은 아주 정상적이다. 뇌에서 화학 물질이 나와서 그러는 것이다. 일어나는 현상의 이유를 알면 그것을 당연한 것으로 받아들이고, 당신의 뇌가 해야 할 일을 하고 있다는 것을 깨닫는다. 곧 뇌는 당신에게 신호를 보내, 당신이 가던 길을 멈추게 하려는 게 아니라, 결정을 내리게 하는 것이다.

크게 성공한 사람들도 다른 모든 사람과 마찬가지로 두려움과 의심, 불안을 느낀다. 그들이 남들과 다른 것은 그 감정들을 어떻게 하느냐이다. 그들은 실패에 직면했을 때 그것을 사적으로 심각하게 받아들이지 않는다. 다른 일을 시도하며 다음으로 넘어간다.

뇌파

당신의 뇌는 여러 주파수를 수신하고 또 다양한 주파수를 내보내는 일종의 전력 개폐소다. 뇌의 상태는 뇌가 방출하는 진동, 곧 뇌파로 파악된다.

- 베타14-100 Hz 상태: 베타파는 가장 빠른 뇌파이고, 슈퍼러닝을 유도하지 않는다. 우리가 일상적으로 깨어 일하고 정신이 맑을 때의 상태다.

- 알파8-13.9 Hz 상태: 알파파는 휴식과 슈퍼러닝, 긴장을 푼 상태에서의 집중, 가벼운 가수假睡 상태, 세로토닌 생산 증가, 높은 직관 요인, 명상, 비의식적 마음에의 접속 초기로 유도한다. 이 파형은 잠들기 전이나 잠이 깨기 전 양자장으로 들어갈 때 발생한다.

- 세타4-7.9 Hz 상태: 세타파는 카테콜아민학습과 기억을 위해 필수적인 호르몬 생산 증가와 창의력 증가, 통합적이고 감정적 경험, 행동 양식의 잠재적 변화, 학습 내용 기억 증가, 보편 지능을 활용하는 잠재 능력으로 유도한다. 수면 중 꿈꿀 때렘수면 발생하며, 높은 수준의 양자장 접근이 동반된다.

- 델타0.1-3.9 Hz 상태: 델타파는 매우 느리고, 꿈을 꾸지 않는 수면 상태일 때 발생하며, 인간의 성장 호르몬 방출을 유도한다. 숙달된 수도자는 잠들지 않은 상태에서 이 단계에 접근할 수 있다.

지금 책을 읽고 학습하고 있는 당신은 아마 베타 상태일 것이다. 우리는 대부분의 시간을, 생각하거나 어떤 일이 벌어지도록 두는 대신, 이처럼 활동적인 상태로 보낸다. 그러나 우리가 목표를 이루기 위해 필요한 해답과 정보, 사람들, 결과물, 서비스를 좀 더 수용하기 위해서는 알파 상태에 있어야 한다. 그러면 어떻게 해야 알파 상태가 되는가? 명상과 호흡, 마음 가라앉히기를 통해 가능하다.

우리는 사회에서 뭔가를 하고 또 하는 것을 배워 왔다. 인간이라는 존재임에도 별로 '존재'하는 것 같지 않다. 어떻게 하면 이 치열한 생존 경쟁에서 벗어날 수 있을까? 어떻게 하면 스트레스와 정신적 고뇌로 가득한 인생의 쳇바퀴에서 빠져나와 우리를 둘러싼 모든 것과 조화롭게 반응하며, 다시 말해 우주가 운행하는 방식대로 일할 수 있을까?

우주의 법칙 중 하나는 "최대한의 노력이 아닌 최소한의 노력"이다. 만일 당신이 지나치게 열심히 일하고 지나치게 스트레스를 받는다면 그 것은 당신이 우주의 법칙에 반해 일하고 있기 때문이다. 우주는 목표를 성취하기 위해 가장 쉽고 가장 빠른 방법을 추구한다. 그러므로 당신도 그래야 한다.

4장 생각과 감정이라는 파동 에너지

시간과 공간보다 더 나를 당황하게 만드는 것은 없다. 그럼에도 불구하고 그보다 나를 덜 괴롭히는 것도 없다.

— 찰스 램Charles Lamb

우주는 가장 영구적이고 질서 정연한 상태에 있다. 언제나 완벽한 평형 상태로, 전자 하나도 제자리를 벗어나지 않는다. 우리가 당연히 여기는 주변과 내면에서 일어나는 모든 일을 생각할 때, 이것은 상상도 할 수 없을 만큼 놀라운 상태다. 태양과 행성, 자연, 당신의 정맥과 동맥을 돌아다니는 그 많은 혈액을 생각해 보라. 각각이 정확한 법칙에 따라 작동하는 완벽한 부분들이다.

우주가 어떻게 춤추든 움직이는 방식을, 이런 '자연의 법칙들'을, 그리고 그것들이 당신의 일상에 미치는 영향을 이해하면, 당신은 좀 더 높은 상태의 주파수 대에서 일할 수 있다. 당신의 목표와 꿈이 실제로 나타나게 하는 데 필요한 일을 하고 보도록 당신의 정신적 능력을 활용하고, 신체를 움직이면서 말이다.

당신이 적합하게 기능하는 법을 배우면 당신 자신이 진정으로 누구이며, 어떻게 하면 총체적으로 성공한 삶을 창조할 수 있는지 인식하기가 훨씬 쉽다. 이제는 당신 안에 내재하는 탁월함을 찬양하고, 당신이 완벽하게 창조되었음을 이해해야 할 때다. 자신감 결여와 부정확한 신념으로 당신의 능력을 제한하기를 멈출 때가 왔다.

얼마 전에 나는 아이들을 박물관에 데리고 갔다. 아들 하나가 1960년대의 옛 다이얼식 전화를 눈여겨봤다. 그것을 처음 본 아이에게 내가 전화기라고 알려 주자, 아이는 믿을 수 없어 했다. "농담이죠."라고 하면서 말이다.

많은 사람이 더 이상 쓸모가 없는 20년, 30년, 또는 40년 전 구식 정보에 여전히 의존한다. 우리를 사랑하고 아끼는 사람들에게서 얻는 정보와 훈련은 이제 대부분 부정확해졌다. 우리는 인간 뇌에 대해 지금껏 평생 알고 있었던 것보다 단 최근 6년간 더 많은 것을 알아냈다. 과거에 알았던 정보가 당시에는 최고였어도, 이제는 소프트웨어를 업그레이드해야 할 때다. 현재에 발을 들여놓고, 우리가 원하는 삶을 창조할 더 좋은 기회를 얻기 위해 양자 물리학자와 뇌 연구가들이 개발한 새로운 정보를 활용해야 할 때다.

만일 더 많은 돈과 더 행복한 생활양식 또는 또 다른 삶의 목표에 도달하길 원한다면 당신은 안에서부터 겉을 바꿔야 한다. 이것은 아마 당신이 배운 방식과 역순일 것이다. 나는 열심히 공부하고 힘껏 노력하고 학교에 가고 좋은 성적을 얻으면, 잘살게 될 것이라고 배웠다. 다 헛소리다. 오늘날 우리는 우주가 작동하는 방식과, 우리가 움직이는 방식에 대해 더 좋은 정보를 갖고 있다.

이번 장에서 다루는 법칙들은 당신이 매일 살아가는 삶과 직접 연관이 있다. 이 법칙들은 우연히 존재하는 게 아니며, 법칙을 만든 존재와 관련해 당신의 신념이 어떻든 상관없이, 법칙은 반박할 수 있는 게 아니다. 이 법칙들을 이해하고 이용하며 공존하는 방법을 알면 당신의 삶이 영원히 바뀔 것이다.

내게 온 주된 변화는 분별력과, 심지어 환경에 대해 초연함이 생겼다는 것이다. 내가 뭔가를 판단하는 순간 나는 그 문제에 나의 신념뿐 아니라 자존심을 끼워 넣는다는 사실을 알아챘다. 어떤 상황에서든 나의 마음 또는 감정에 따라 성급하게 결론을 내리는 대신, 당신이 조금 전에 배운 법칙들의 맥락에서 생각하면, 모든 게 마땅한 방식으로 진행된다는 것을 이해하므로 평온을 느낀다. 우리의 우주는 정확하고 정교하며 완벽한 법칙에 따라 움직이므로, 우연이란 없다. 우주는 어떤 것이든 거저 주거나 거저 받지 않는다.

이런 법칙을 알게 된 후 나는 사업이 내가 바라던 대로 되지 않을 때도 평정을 유지했다. 이번 장에서 당신은 내가 파트너 관계와 내 돈 30만 달러를 우아하고 너그럽게 떠나보낸 때가 있었고, 그 후 단 3년 만에 수백만 달러를 번 경험에 대해 읽을 것이다. 당시에 나는 화를 내고 노여워할 수 있었지만 그렇게 하지 않았다. 왜냐하면 나는 한 가지 원리, 즉 모든 일은 마땅히 되어야 하는 대로 되며, 어떤 일이라도 단지 내 개인의 입맛에 맞게 일어나지는 않는다는 원리를 진심으로 믿는다면, 일이 잘 풀릴 것을 알았기 때문이다. 이혼으로 나는 감정적으로 힘들었음에도 그 일을 극복할 수 있었던 것은, 우주는 정확히 마땅히 그래야 하는 방식으로 정확히 작동할 뿐이라는 사실을 믿었기 때문이다. 나의 두 아들을 보면 창조적 능력의 완벽함을 알 수 있다. 당시에 내가, 지금의 두 아들을 얻는다는 것이 어떠한지 알았다면 그 기쁨을 위해 어떤 고통이라도 감내했을 것이다. 그러나 고통 중에 있을 때는 몇 년 뒤에 올 수 있는 좋은 일을 보기가 힘들다. 당신이 이번 장에서 배울 법칙들을 알게 된 후, 나는 인생의 리듬에 맞춰 움직이고, 나 자신이 끌어들이는 것은 어려움을 포함해 뭐든 받아들이는 법을 배웠다.

당신도 나처럼 이 법칙들을 이해하고, 모든 것이 연결되어 있다는 사실을 알게 되면 그것들이 새로운 의미를 갖게 될 것이다. 그것들은 마치 우리가 따라가야 할 정확한 지도와 같다. 각각의 법칙을 읽고 숙고한 다음, 당신의 과거 경험에 어떻게 적용할 수 있는지 곰곰이 생각해 보라. 물론 당신은 현재와 잠재적 미래의 걸작을 창조할 때 각각의 법칙을 더욱더 깊이 숙고해야 한다. 매일의 삶과 모든 행동에서 이 법칙들과 협력해 생각하고 움직여라. 그러면 삶의 모든 영역에서 기쁨과 평온을 경험할 것이다.

대원칙: 에너지는 존재한다

일곱 가지 자연법칙 각각은 무엇보다 중요한 하나의 대원칙, 곧 '모든 것은 에너지다'라는 법칙의 필연적 결과다. 다시 말해 우리는 일종의 에너지 수프 안에서 살고 있다. 각각의 물질 조각을 구성하는 분자 하나하나는 어마어마한 양의 에너지를 담고 있다. 에너지, 곧 본질적으로 크기가 없는 에너지는 모든 곳에 그리고 모든 것 안에 존재한다. 양자 역학은, 심지어 우리 대부분이 아무것도 없는 공간이라 생각하는, 진공 속에도 에너지가 있다고 한다. 실제로, 스탠포드 대학의 명예 교수 윌리엄 틸러William Tiller 박사는 '수소 원자 단 하나'에, 우리 우주의 2백억 광년 반경 내 모든 행성과 항성의 물리적 덩어리 전체에 포함된 것보다 약 1조 배 이상의 에너지를 담고 있다고 한다. 분명히 말해, 에너지는 공간과 상관없다. 어쨌든 수소 원자는 아주 작고 우리 우주는 광대하니까. 에너지는 가능성과 관계된다.

궁극적으로 우리 각 사람과 우리의 행성 그리고 그것들이 거하는 우주는 에너지로 이루어져 있고, 에너지를 방출하며, 또 에너지를 수용한다.

세상에는 빛 에너지, 열 에너지, 소리 에너지, 자성磁性 에너지, 생각 에너지, 운동 에너지, 원자 에너지, 기계적 에너지 등이 있다. 수많은 단계의 주파수들이 있고, 그 모두가 서로 연결되어 있다. 또한 간단히 말해 전자기, 감마, 방사성 에너지도 있다. 엑스선은 감마선과 마찬가지로 진동률에 의해 고체에 침투할 수 있는 에너지의 한 유형이다. 결국, 그것들은 우리 인간을 포함해 만물을 구성하는 에너지의 형태일 뿐이다. 다음에 언급할 일곱 가지의 필연적 결과는 자연계와 우리의 매일의 삶에서 온갖 종류의 에너지가 작동하는 방식을 말해 준다.

1. 진동과 끌어당김의 법칙:
우주 안의 모든 것은 끊임없이 진동하고 움직인다

우리 우주의 비물질적인 측면과 물질적인 측면 모두는, 진동하는, 다른 말로 해서, 왕복하고 공명하며 고동치는 에너지와 지능으로 구성되어 있다. 정지하고 있는 것은 아무것도 없다. 물질적 측면과 비물질적 측면 사이의 차이는 진동 속도다. 이 법칙으로 인해 가령 우리의 손과 같이 맨눈으로 볼 수 있는 것과, 전파처럼 눈에 보이지는 않지만 존재하는 것 사이의 차이가 있는 것이다.

탁자는 고체에 정지해 있는 듯 보이지만, 강력한 현미경으로 보면 분자 사이의 수많은 공간과 움직임을 실제로 볼 수 있다. 현미경을 통해서 당신은 탁자 분자들의 아주 느린 진동 속도를 감지할 수 있다. 당신의 몸도 마찬가지다. 앞에서 언급했듯이 당신의 몸은 날마다 똑같아 보여도 하루하루 동일한 몸이 아니다. 당신은 초마다 천만 개의 세포를 떨어버리고 새 세포로 갈아입는다. 당신이 눈으로 볼 수 없어도 이 일은 일어나고 있다.

우리가 반복적으로 하는 일이 우리다. 그래서 탁월함은 행동이 아닌 습관이다.

— 아리스토텔레스Aristotle

생각과 감정 또한 에너지다. 당신이 다른 사람의 감정을 예민하게 느낄 때마다, 당신 자신의 감정을 의식할 때마다 진동을 의식적으로 인식하는 것이다. "기분이 좋다" 또는 "기분이 나쁘다"라고 말할 때마다 당신은 마음속에 긍정적 또는 부정적 진동이 있다고 밝히는 것이다. 당신은 또한 생각을 선택함으로써 기분이 좋을지 나쁠지를또는 좋은 진동을 가질지 나쁜 진동을 가질지를 결정할 수 있다. 우리가 정한 것에 따라서만 우리는 생각을 선택할 수 있고, 그런 생각 에너지를 언제 보내고 받을지 결정한다. 당신이 부정적인 생각을 선택했다면 당신은 '부정적' 진동 또는 주파수를 방출하고 그에 따라 그 주파수에 동조하는 것이다. 반면에 긍정적인 생각을 선택했다면, 당신은 아까와 정반대로 행한 것이고 지능과 에너지의 '긍정적' 주파수에 채널을 맞추고 그 주파수를 끌어당기게 된다. 진동이 좋고 나쁘고는 당신에게 달렸다. 그것은 전적으로 당신 자신의 해석에 기초하고, 뇌는 당신의 전 존재를 당신이 선택한 진동으로 이동시키기 위해 사용하는 도구다. 즉 당신의 진동 교환국이다.

당신의 뇌는 세상에 창조된 것 중 가장 강력한 전자기 처리 도구다. 그래서 당신이 뇌를 지혜롭게 활용해 긍정적 생각을 선택하면 당신이 원하는 모든 것이 당신 앞으로 움직이고, 결국 물리적 대응물로 구체화할 것이다. 당신이 더 초점을 맞추고 집중할수록 더욱 빠르고 강력한 주파수를 얻는다. 야외에서 햇빛을 모아 불을 피울 때 돋보기를 사용하는 것과 다르지 않다. 초점 모으기의 힘에 대해서는 뒤에서 살펴볼 것이다.

이 법칙을 이르는 또 다른 말로 "유유상종類類相從"이 있다. 사람들은 자신과 같은 에너지를 끌어들인다는 뜻이다. 사람과의 관계에서 이 법칙은 비슷한 사람끼리特히 비슷하거나 상호 보완적인 신념을 공유하는 사람들 서로 끌어당기는 경향이 있음을 뜻한다. 이런 경향은 사업과 연애, 사교 모임에서 흔히 볼 수 있다.

뱀부 사에서의 경험은 아마 내 삶에서 끌어당김을 가장 강력하게 보여 주는 사례 중 하나일 것이다. 이 굉장한 회사는 가상 여행이라는 신기술을 기반으로 세워졌다. 즉 이 회사는 사람들이 인터넷 동영상을 봄으로써 현장에 가지 않고도 그곳을 보고 대리 경험할 수 있게 했다. 뱀부는 부동산 중개업 시장을 철저히 공략하면서 그 영역에서 확고히 자리를 잡았다. 나는 기술이 막 발전하던 때 운 좋게도 그 회사의 최첨단 팀에서 함께하자는 요청을 받았다.

뱀부의 영업 마케팅부의 전략가가 될 수 있는 기회는, 내가 몇 년 전에 협력했던 사업체를 막 나올 때 만난 렌 맥커디Len McCurdy를 통해서 왔다. 렌은 당시 우리 회사의 해체 과정을 중재했는데, 그는 그때 보인 나의 마음가짐에 매우 인상을 받았다고 했다. 나는 그 회사가 내 목표와 더 이상 맞지 않기 때문에 30만 달러 이상의 개인 자금을 회사에 남겨 둔 채 친절하면서도 단호하고 관대하게 그곳을 떠났다. 그 후 렌은 아들의 스타트업을 함께할 사람을 찾던 중 그들의 사업 경영 스타일과 맞고 보완할 사람으로 나를 생각해 냈다.

그가 옳았다. 새로 시작한 회사는 창의성으로 열광적일 뿐만 아니라 함께 일할 특권을 가진 최고의 사람들을 꾸준히 끌어당기는 협력체였다. 우리는 경이로운 잠재력을 가진 사람들을 채용해 그들이 자기 자신뿐만 아니라 공유하는 임무에 믿음을 갖도록 도왔다. 회사의 영업 마케팅부는 영업 기술이 아닌 개인의 발전 위에 세워졌다. 기본적으로 우리는 그들에게 당신이 이 책에서 배우는 모든 것을 가르쳤고, "우리는 혼자서 뭐든 할 수 있고, 함께는 그 이상을 할 수 있다."라는 팀의 사고방식을 키웠다. 그 결과 놀라운 팀이 되었다. 단 9개월 만에 10만 고객을 유치하며 매달 수백만의 영업 실적을 냈다.

우리 팀은 로저 배니스터Roger Bannister의 전설적인 기록 경신을 본따 자칭 '포미닛마일Four-Minute-Mile 팀'이라 불렀다. 그가 맨 처음으로 1마일약 1.6킬로미터 - 옮긴이을 4분 안에 주파했는데, 놀랍게도 그의 기록 경신 이후로 다른 육상선수들 또한 그처럼 할 수 있었다. 이것은 단지 그렇게 하는 게 가능하다는 것을 그들 또한 알았기 때문이었다. 우리는 불가능해 보이는 일을 하는 데, 우리 자신의 기록을 깨는 데 전념했다. 팀원들에게 필요한 훈련을 시켰고, 그다음 그들을 테스트했다. 4분 안에 1마일을 주파한다면, 물론 비유적으로, 계속 우리와 한 팀이 되었다. 이런 에너지가 비슷한 것을 더 많이 끌어당겼다. 뱀부에 고용된 사람 중 상당수가 이미 우리 회사에서 일하는 직원과 친분이 있어서 왔다. 마치 모든 사람이 우리의 에너지와 창조적 힘의 일원이 되고 싶어 하는 것 같았다.

2000년에 회사가 IPIX와 합병하자 기업 문화가 크게 바뀌어 더 이상 내게 맞는 환경이 아니었다. 나는 내가 들어오게 한 많은 사람과 작별하는 일이 힘들었음에도 움직일 때였다. 내 직감이 그렇게 말했다.

논리적으로, 유유상종이라면 다른 것들은 서로 물리친다. 이 점에 관해서는 다음의 양극성에 관한 부분에서 더 살펴볼 것이다. 그런 원리 때문에 나는 뱀부를 떠났다. 나는 이런 법칙이 작용하는 것을 나의 옛 결혼 생활이 끝날 때 이미 경험했다. 그러나 지금의 아내 마리아Maria를 만나기 전에는 끌어당김의 법칙을 연애 관계에서는 사실 주의하지 않았다. 반한다고, 하? 연애에서 끌어당김을 고려하지 않는다고? 전에는 누군가에게 끌려 본 적이 한 번도 없다고 말하는 게 아니다. 물론 끌린 적이 있었다. 두 번이나 결혼할 정도로 충분히 끌렸다! 그러나 그것은 끌어당김의 법칙에 부응하는 게 아니었다. 나는 두 번째 이혼한 후에야 나의 관계 레이더를 향상할 필요가 있음을 깨달았다. 이전에 한 실수를 통해 배웠고, 그에 더해 끌어당김의 법칙이 나를 위해 일하게 하기로 마음먹었다. 이전에 나는 깊고 열정적인 사랑 외의 이유로 너무 서둘러 결혼했을 뿐만 아니라 배우자에게 나의 솔직한 감정을 말하지 않는 것을 비롯해 솔직하게 대화하는 일을 소홀히 했던 것이다.

나는 나의 이상형에 대해 자세히 생각했고, 종이에 구체적으로 적어 안전한 곳에 넣어 두었다. 함께 즐겁게 지내고 싶은 사람을 만나 사랑하고자 하는 나의 마음과 갈망을 쏟았다. 감정적이고 신체적인 친밀함에 관한 세부 사항을 포함해 매력적이고 자연스러우며 가정 중심적인 사람일 것이라는 등의 내용을 다 적었다.

그리고 나는 누구와 데이트를 하든 천천히 가기로 결심했다. 다시 말해 가벼운 관계를 유지하고 솔직하게 굴기로 말이다. 나의 세계의 질서를 바로잡아야 했고, 만일 딱 맞는 여자가 나타나면 나 자신이 알게 될 테니, 서두를 이유가 없다고 생각했다.

마리아와 나는 체육관에서 만났다. 우리는 다른 사람들처럼 했고 가볍게 만났다. 함께 멋진 시간을 보냈고 서로를 알아갔다. 첫 2년 동안 우리는 서로 즐겁게 교제하는 관계를 넘어 의무를 지우지 않았다. 그런 다음, 서로가 또 다른 상대를 만나지 않기로 약속했다. 그 뒤로 얼마 지나지 않아 나는 마리아에게 나의 이상형에 대해 보여 줬다. 내가 적은 이상형의 세세한 사항들이 마리아와 얼마나 정확하게 맞는지 그녀는 믿기 힘들어했다. 나는 웃음을 멈출 수가 없었다. 바로 내 눈앞에 내가 원하던 여자가 있었고, 끌어당김의 법칙이 정확하게 작동하고 있었으니까.

깃털이 같은 새들이 함께 모인다는 진부한 표현이 있는데, 이 또한 진동과 끌어당김의 법칙을 표현하는 또 다른 방법이다. 나는 기업가이자 저자인 로버트 앨런Robert Allen이 언젠가, 당신의 수입은 당신과 가장 친한 친구 열 명의 수입의 평균이라고 했던 말을 들었다. 다시 말하지만 당신의 환경은 당신의 현실 인식을 반영한다. 이 말이 당신에게 사실인가? 당신의 친구들, 당신이 가는 휴가지와 식사 장소를 생각해 보라. 당신은 당신과 같은 사람들과 만난다. 당신의 직장을 생각해 보라. 그 회사의 누구에게 끌렸는가? 회사의 피고용인 각각에게서 회사 리더의 흔적을 보게 될 것이다. 정확히 일치하는 모습이 아니라 분위기를 말이다. 기업가와 사업주는 알아챈다. 만일 당신이 직원들 가운데서 싫은 모습을 본다면 먼저 어디서부터 바꿔야 하는지 당신은 알아야 한다. 그건 아마도 당신 안에 있는 모습일지 모른다.

《영혼을 위한 닭고기 수프》시리즈의 저자 잭 캔필드Jack Canfield는 끌어당김의 힘을 활용하는 세 단계 전략을 개발했다.

1단계: 당신이 정말로 원하는 것을 찾고, 부정적인 것을 제거하라.

당신이 원하지 않는 것이 아니라 원하는 것에 초점을 맞추라. 당신의 의사를 긍정적으로 분명히 말하고, 부정적인 단어를 걸러 내라. 당신의 마음은 심상으로 작용한다. 만일 당신이 "나는 흥분하고 싶지 않아"라고 말한다면 당신은 그런 그림을, 따라서 흥분하는 진동을 창조하는 것이다. 원하지 않는 것의 반대를 창조해야 한다.

2단계: 당신의 진동 단계를 올려라.

이 단계에서 당신이 할 일은 당신이 말하는 바람과 일치하는 진동을 창조하는 것이다. 당신이 이미 그 일을 했다면, 곧 완벽한 일과 완벽한 관계, 원하는 만큼의 부를 가졌다면 어떤 느낌일까? 당신을 기분 좋게 만드는 것들을 찾고, 더 찾으며, 부정적인 감정을 허용하지 마라. 긍정은 당신의 진동 수준을 올리는 중요한 요소다. 명심하라. 끌어당김의 법칙은 당신이 사용하는 단어나 하는 생각에 반응하는 게 아니다. 당신이 하는 말과 생각에 대해 당신 자신이 그야말로 어떻게 느끼는가에 반응한다.

3단계: 풀어놓고 허용하라.

세 번째 단계에서는, 당신의 요청 또는 '지시'를 처리하는 우주에 당신의 단언과 진동, 느낌을 그저 풀어놓아라. 어떤 의심도 삼가라. 만일 당신의 바람을 성취하는 것에 대해 의심한다면, 당신은 그것을 얻도록 허용하는 게 아니다. 그것을 밀어내고, 결국 모순된 메시지를 우주에 전송하는 것이다. 오로지 모순된 생각과 말, 이미지가 제거되었을 때만 갈망하는 결과가 현실로 나타난다. 당신이 저항을 빨리 제거하면 할수록 더 빨리 꿈이 실현될 수 있다.

2. 양극성의 법칙: 우주의 모든 것에는 정반대의 등가물이 있다.

동양 철학에서는 양극성의 법칙을 음양설로 표현한다. 이 법칙은 매우 간단해서 이해하기가 무척 쉽다. 예를 들어 뜨거운 것이 있다면, 이 법칙에 따라, 뜨거운 것과 완전히 반대이며 동등한 차가운 것이 반드시 있어야 한다. 이것을 서양에서 "모든 구름 뒤편은 은빛으로 빛난다."라고 말한다.

큰 도전에 부딪힐 때마다 늘 이 법칙을 기억하면 인생에서 더욱 큰 성공을 이룰 수 있다. 처음에는 상황에 대해 부정적으로 인식할 수 있지만 양극성의 법칙에 의하면 그 도전 속에는 동등한 긍정적 기회 또한 반드시 내재하여 있다. 그 기회를 빨리 포착하는 법을 배울수록 더 빨리 우리의 인식에서 부정적인 면이 사라지고 더 빨리 에너지가 바뀐다. 가장 고통스러운 인생 경험조차 긍정적인 면을 보여 줄 수 있다. 두 번의 이혼은 내 인생에서 너무도 힘든 경험이었지만 한편으로는 내게 매우 강력한 자기반성과 성장의 기회를 주었다. 약간은 무례한 농담이지만 언급하지 않을 수가 없다.

이혼은 왜 그렇게 비쌀까?
그만한 값어치가 있기 때문이다.

이 말이 재미있는 것은, 그 내용이 사실이기 때문이다. 이혼으로 인한 재정적, 감정적 고통에는 일종의 자유라는 이면이 있는데, 이것은 돌이켜 생각해 보면 거의 언제나 재정이나 감정의 일시적 고통보다 훨씬 중요하게 느껴진다. 어떤 일을 좋다 또는 나쁘다고 믿게 만드는 것은 우리의 지각知覺이라는 사실을, 기억하기만 하면 된다. 이 두 가지 측면은 모든 것에 존재하기 때문이다. 지각은 우리가 '현실'이라 여기는 것을 만들어 내는데, 사실 절대적인 현실이란 것은 없다. 유일한 현실은 우리 자신의 현실뿐이다.

현실의 유동적 속성과 모든 상황에 실재하는 반대되는 것을 인정하기는, 극히 중요한 기술이다. 그러나 이 기술은 연습이 필요하다. 당신이 할 일은 모든 것을 성급히 판단하고 분류하려는 성향을 버리고, 모든 것에는 기복과 좋고 나쁨, 안팎이 있다는 사실을 이해하는 것이다. 이것은 당신의 감정과 신체, 관계 등 모든 것에 적용된다. 매 상황에서 양면을 보는 법을 배우면 당신의 삶은 훨씬 순조롭게 흐르고 결과가 나타나기 시작할 것이다.

내가 이 법칙을 나눈 거의 모든 사람이, 예를 들면 자녀의 병이나 사랑하는 사람의 죽음, 전쟁 발발 같이 극도로 심각한 경우에 어떻게 적용해야 하느냐고 묻는다. 그러면 나의 유일한 대답은, 나는 신과 '전 우주'의 무한 지능을 100퍼센트 신뢰한다는 사실이다. 나는 그런 사건들이 인간에게 최악의 고통을 가져다준다는 사실을 인정한다. 그래도 여전히 당신이 처한 곳과 당신이라는 존재는, 마음속의 평화와 사랑을 찾아야 하고 언제나 완전한 믿음을 가져야 한다는 사실은 변하지 않는다. 당신의 몸이 사라지면, 당신의 본질, 영은 당신을 창조한 존재의 영원한 일부가 된다. 당신은 신체적으로 분리되어 있다는 착각은 사라진다. 신체가 죽고 나면 당신은 법칙대로 반드시 어딘가 다른 곳에서 살게 된다.

당신의 삶에서 과거든 현재든 가장 힘들었던 상황이 기회의 씨가 된다는 사실을 알 수 있겠는가? 모든 상황에서 긍정적인 면을 알아보고 포용하는 것이 꿈을 향해 나아가게 한다는 사실을 알 수 있겠는가? 이렇게 하기를 거부하는 것이 당신에게 얼마나 안 좋게 작용하는지를 알겠는가? 실제로 두 가지 단계에 악영향을 미친다. 삶에서 나쁜 일에는 언제나 좋은 일이 함께 온다는 사실을 인정하지 않으면 당신은 다음에 언급할 법칙, 즉 리듬의 법칙 또한 거부하게 된다.

3. 리듬의 법칙:
만물은 완벽한 리듬 안에서 완벽한 속도로 움직인다.

조수는 밀려왔다가 밀려간다. 만일 당신이 바닷가에서 물의 흐름을 따르지 않고 뻣뻣이 서 있으면 큰 파도가 당신을 덮치고 넘어뜨릴 수도 있다. 그러나 긴장을 풀고 물결을 따라 기꺼이 몸을 움직이면 파도가 밀려오고 나갈 때마다 즐길 수 있다.

저류에 휩쓸려본 적이 있는가? 해류가 어떻게 움직이는지 모른다면 아마 해류에 저항하느라 힘을 다 빼고 기진할지도 모른다. 해류에서 빠져나오는 최선의 방법은 물의 흐름을 거스르지 않고 그냥 헤엄쳐 건너는 것이다. 당신이 얼마나 수영을 잘하느냐는 상관없다. 해류와 싸우는 것은 헛된 짓이다.

나는 리우데자네이루Rio de Janeiro 코파카바나Copacabana 해변에서 프레드릭 비크너Fredrick Buechner의 교훈을 배웠다. 나는 어릴 때 남에게 뒤지지 않는 수영 선수였고 성인이 되어서는 철인 3종 경기를 했다. 그래서 스무 살 때 브라질에 갔을 때, 나는 호수나 수영장에서만 훈련했었음에도, 스스로 바다에서 안전할 거라고 생각했다. 그런데 어느 날 큰 해류에 휩쓸리게 되었다. 나는 그저 해류를 거슬러 빠르게 헤엄쳐 나가면 되겠다고 생각하고는 해변으로 나아갔다. 틀린 생각이었다! 건장한 청년이었던 나는 바다와 싸우려 하다가 패배했다. 그날 나는 거의 죽을 뻔했다.

당신의 삶과 나의 삶은 파도가 서로 섞이듯 서로에게 흘러든다. 그래서 당신에게 평온과 기쁨, 자유가 없다면 나에게도 진정한 평온과 기쁨, 자유가 없다. 현실을 본다는 것, 곧 우리가 기대하는 대로가 아닌 있는 그대로의 현실을 본다는 것은, 우리가 서로를 위해 그리고 서로 섞여 살지 않는다면 진정으로 만족하지 못한다는 사실을 보는 것이다. 이런 의미에서 오직 진정으로 사랑이 있는 곳에만 진정한 삶이 있을 수 있다는 사실을 말이다.

— 프레드릭 비크너Fredrick Buechner

해류의 운행 법에 익숙하지 않은 사람이라면 싸우지 않는 게 완전히 부자연스럽게 느껴지겠지만 우주는 가차 없다. 우주의 법칙을 모르고 어긴다면 당신은 많은 기회를 얻지 못한다. 비유하자면 빨간불일 때 불법 우회전을 하는 것과 같다. 단순히 당신이 빨간불일 때 우회전해도 괜찮다고 생각한다고 해서 경찰이 주행 중 교통위반 딱지를 안 떼는 게 아니다.

요점을 말하면, 대양은 삶의 리듬에 관해 당신에게 아주 많은 것을 가르쳐준다. 당신은 사생활이든 사업 영역에서든 자신이 자연의 흐름

안에 있는지 그 리듬을 거스르고 있는지 알아야 한다. 언제나 리듬은 존재한다.

관계가 얼마나 들쑥날쑥할 수 있을지 생각해 보라. 한순간 알콩달콩했다가 금세 나락으로 떨어진 듯 느낄 수 있다. 일에서도 마찬가지다. 한순간 희열에 넘치다가 다음 순간 거래가 물 건너갔다는 전화 한 통이 올 수 있다.

사랑은 타고나는 것이다. 두려움은 배우는 것이다. 영적 여정은 두려움과 편견을 버리고, 사랑을 우리의 마음속에 다시 받아들이는 것이다. 사랑은 본질적 실체이며 우리가 이 땅에 사는 목적이다. 이것을 의식적으로 깨닫고, 우리 자신과 다른 사람들 안의 사랑을 경험하는 것, 그것이 삶의 의미다. 의미는 사물 안에 있는 게 아니다. 의미는 우리 안에 있다.

— 마리안 윌리엄슨Marianne Williamson

당신은 좋은 시기가 늘 계속되게 강제할 수도, 어떤 일이 당신 인생에 일어나게 강제할 수도 없다. 행성은 완벽한 리듬으로 궤도를 돌고, 당신도 그렇다. 인생에는 계절이 있다. 비유적으로, 또 말 그대로. 어떤 시기는 좀 더 길고, 또 어떤 시기는 좀 더 혹독할 수 있다.

상황이 리듬에서 벗어난 것 같고 또는 당신을 불편하게 만드는 흐름을 타는 듯할 때가 있다. 그때 당신이 할 일은 당신의 비전에 계속 초점을 맞추고, 리듬을 거스르는 대신 흐름에 맡기는 것이다. 사람들 대부분이 흐름에 저항하느라 너무 많은 시간과 에너지를 쓴다. 하지만 계절을

106

바꿀 수 있는 사람은 아무도 없다. 당신은 겨울에 따뜻한 곳에 머물지, 아니면 춥다고 불평할지 선택할 수 있다. 이 둘보다 훨씬 나은 것은 스키를 배우기로 마음먹는 것이다.

4. 상대성의 법칙: 모든 것은 상대적이다.

당신은 키가 작은가 큰가? 이 책은 무거운가 가벼운가? 당신이 있는 방은 큰가 작은가? 당신은 돈을 많이 버는가 아니면 아주 조금 버는가? 나의 요점은, 문제의 것을 다른 것과 비교하기 전에는 대답할 수 없다는 것이다. 실제로 어떤 것을 다른 것, 즉 비교할 만한 어떤 것과 결부시키지 않으면 규정할 수 없다.

이것을 다르게 표현하면, 어떤 사람에게 좋은 것은 또 어떤 사람에게는 좋지 않을 수 있다. 1,500제곱피트약 45,000제곱미터 - 옮긴이의 집은 그보다 더 큰 집에서 사는 게 익숙한 사람에게는 작을 수 있지만 그런 집에서 살아본 적이 없는 누군가에게는 대궐처럼 느껴질 수 있다. 과거 경험이 당신의 평가에 영향을 미칠 수 있지만, 만물은 있는 그대로 존재한다는 게 진실이다. 1,500제곱피트의 집은 '실제로' 작지도 크지도 않다. 그냥 1,500제곱피트의 집인데, 사람마다 아늑하거나 좁아터지거나 거대하다고 인식되고 느껴지는 것은 그들의 관점에 기인한 것이다.

어떤 상황이나 사건을 평가할 때 상대성의 법칙을 기억하면 유용하다. 당신이 계속 다른 누군가가 갖고 있거나 할 수 있는 것을 당신 자신이 갖거나 할 수 있는 것보다 '더 크다'고 본다면 당신은 곤란해질 수 있다. 모든 것은 상대적이다. 그러므로 다른 사람과 또는 과거 경험과 비교하지 않는 법을 배워야 한다. 모든 것을 판단하지 말고 '있는 그대로' 보라. 그러면 당신은 자신이 충분하지 못하다거나 충분히 갖지 못했다는 느낌에 압도당하는 일이 결코 없을 것이다.

5. 인과의 법칙:
모든 원인에는 결과가 따르고, 모든 결과에는 원인이 있다.

우리가 취하는 모든 행동에는 결과가 따른다. 당신이 좋은 생각을 내보내면 좋은 것이 돌아온다. 사랑을 주면 사랑이 돌아온다. 돈을 나눠주면 돈이 당신에게 들어온다. 물리학에 따르면 모든 작용에는 반대되는 동등한 반작용이 따른다. 이 자연법칙에 따르면 당신이 무엇을 보내든 또는 주든, 동일하거나 다른 에너지 형태로 바로 돌아온다. 좋은 업보를 쌓으면 좋은 업보에 이른다고도 표현할 수 있다. 물론 그 반대도 사실이다.

어떤 사람들은 이 법칙이 다른 모든 것과 마찬가지로 돈에도 적용된다는 사실을 명심하는 데 힘들어한다. 어쨌든 돈은 그저 하나의 아이디어일 뿐이다. 종이에 잉크로 돈을 표시한다. 돈은 다른 모든 것과 마찬가지로 에너지다. 당신이 돈을 획득하기 위해 알아야 하는 지배적인 법칙들이 있다. 농부가 추수하기 위해서는 먼저 씨를 심어야 하는 것과 다르지 않다. 다시 말해, 당신은 당신이 준 것보다 더 큰 것을 얻고 간직할 수 없다. 더 많이 갖기 위해서는 더 많이 하고 더 많이 주어야 한다.

나는 내 자녀들에게 얻기 전에 먼저 '주는 사람'이 되도록 격려하며 이 법칙을 가르쳤다. 일례로 이번 추수감사절에 가족 식사를 한 후 아이들이 전부 놀러 나갔다. 그러나 키넌과 노아는 식탁 치우는 것을 도우려고 남았다. 나는 두 아이에게 열 사람의 접시를 치우는 것을 도와 달라고 요청했다. 일을 마친 후 두 아이는 활짝 웃으며 내게 왔다! 어느 분이 두 아이에게 애쓴 것의 대가로 1달러씩을 준 것이다. 두 아이는 돈을 기대하지는 않았지만 돈을 얻게 되었다. 매주 2달러를 용돈으로 받는데, 15분 잠깐 도운 것으로 그 돈을 받았으니 정말로 큰 성과였던 것이다. 덧붙여 말하면, 두 아이의 '재정 계획'은 매주 75센트를 은행에 저축하고, 75센트만 쓴다. 그리고 50센트는 기부한다. 어른들이 모방하기에 결코 나쁜 비율이 아니다.

6. 젠더와 잉태의 법칙: 남성과 여성 모두 창조를 위해 필요하다.

대화에서 의견 교환에 대해 한번 생각해 보라. 겉으로는 성이 없어 보이는 상황이지만 젠더의 법칙을 완벽하게 보여 준다. 한 사람이 하나의 생각을 주장하거나 지침을 주거나 질문을 하는 등 말을 하면, 다른 사람은 듣는다. 곧 정보를 받는다. 그런 다음, 이상적으로는 역할이 바뀌어, 말을 했던 사람은 듣고, 듣던 사람은 말한다. 이런 교환에서부터 새로운 아이디어가 나오고, 새로운 계획이 짜이며, 새로운 합의가 이뤄진다. 주고받는 두 개의 상보적인 에너지가 새로운 창조를 일으킨다.

젠더의 법칙은 살아 있는 모든 것에서 남성적인 것과 여성적인 것으로 나타난다. 앞서 든 예에서, 말하기는 남성적 에너지이고주장하기 듣기는 여성적 에너지다수용하기. 당신은 젠더의 법칙이 양극성의 법칙과 밀접하게 연관되어 있다는 점을 이미 알아챘을 것이다. 맞다, 이것은 음양설의 또 다른 면이다.

젠더의 법칙이 창조를 지배한다. 그러나 창조라는 단어는 종종 오용되는데, 실제로 새로 창조되는 것은 없기 때문이다. 모든 새로운 것은 이미 존재하는 것이 변화된 것에 불과하다. 젠더의 법칙은 동물계에서는 종 내의 수컷과 암컷이라는 대응되는 성으로 나타난다. 이것은 광물계와 식물계에서도 나타난다. 암컷과 수컷의 이원 원칙이 없다면 가능성의 차이나 운동의 영구화, 재생산도 존재할 수 없다.

젠더의 법칙은 또한 창조의 법칙으로 언급되기도 한다. 자연 속의 모든 것이 수컷과 암컷으로 정해져 있다. 생명이 계속 존재하기 위해 두 가지 성이 요구된다. 또한 이 법칙에 따라서, 특별히 생각의 씨를 포함해 모든 씨는 실제적으로 나타나기에 앞서 잉태기 또는 배양기가 필요하다. 일례로 당근 씨를 심어서 당근을 얻을 때까지 약 70일이 걸린다. 양은 166일, 인간의 아기는 285일이 걸린다. 이것이 잉태기 또는 배양기,

곧 씨가 성숙하기까지 또는 물리적 형태로 나오기까지 걸리는 기간이다.

마찬가지로 모든 생각에도 잉태기 또는 배양기가 있다. 당신이 할 일은 적합한 생각, 적합한 씨를 선택하고, 그 생각에 가능한 한 자주 초점을 맞춰 적합한 진동에 이르도록 하는 것이다. 이것은 인과의 법칙에서 원인을 책임지는 것이다. 그다음에 젠더와 잉태의 법칙이 필요한 일을 하도록 허용해야 한다. 따라서 하나의 생각 또는 심상이 물리적 대응물로 옮겨가도록 적절한 시간을 주는 일이 반드시 필요하다.

이와 같은 영적인 측면과 물리적 측면 사이의 춤추기에서, 당신은 우주가 마땅히 할 일을 하고 있음을 믿어야 한다. 기다리기 초조하다고 씨를 파내지 마라. 모든 씨에는 잉태기 또는 배양기가 있다. 그것은 자연의 모든 영역에 존재한다. 그러므로 그 시기를 없애려 하면 안 된다.

7. 끝없는 에너지 변형의 법칙: 에너지는 다른 형태로 끝없이 바뀐다.

이 마지막 법칙은 용어가 길지만 무엇을 뜻하고 어떻게 작용하는지 정확히 알아두는 것이, 당신이 원하는 것을 창조하는 데 필수적이다.

이제 당신도 알듯이 대원칙과 그것의 필연적인 결과인 진동과 끌어당김의 법칙에 따르면 우주 전체는 에너지로 구성되었고, 그 모든 것은 다양한 속도로 움직이고 있다. 모든 에너지장은 서로 연결되어 있다. 당신과 내가 만지고 보고 느낄 수 있는 신체에서부터 태양 광선에 이르기까지 모든 것이 연결되어 있다. 따라서 우리는 이 마지막 필연적 결과인 일곱 번째 자연법칙을 얻게 된다. 즉 모든 에너지는 하나의 형태 또는 진동에서 다른 형태 또는 진동으로 끊임없이 흐른다. 또한 보다 높은 수준에서 비물질 보다 낮은 수준으로 물질 이동한다.

다음에 드는 예를 생각해 보라. 태양 광선이 열, 빛, 전자기 에너지 토마토라는 식물에 비춘다. 그 결과 토마토는 태양 에너지를 이용해 분자들을 만들고 자란다. 에너지는 토마토 분자에 저장되고, 그 에너지는 당신이 토마토를 먹을 때 당신에게로 이동해 당신이 활동할 때 필요한 에너지로 바뀐다. 당신은 이제 '신진대사' 에너지라 불리는 이 에너지를 이용해 자전거를 타고 언덕을 오를 수 있다. 운동 에너지로 바꿔 자전거 페달을 돌리는 기계적 에너지로 사용하는 것이다. 언덕 위에서 운동 에너지는 당신을 다른 쪽으로 내려가기 위한 위치에 놓는다. 다시 말해 당신은 이제 잠재적 에너지를 갖는다. 언덕을 내려갈 때 '잠재적' 에너지는 운동 에너지가 되어 자전거가, 외견상으로는 그 자신의 의지로, 언덕을 내려가게 한다. 이상은 여러 형태를 거치는 에너지 변형을 보여 주는 한 편의 연속된 장면이다. 좀 더 간단한 예도 있다. 나는 두 손바닥을 비빌 때, 토마토에서부터 또는 다른 에너지를 함유한 식물 또는 동물 내 세포에 저장된, 신진대사 에너지를 이용하는 것이다. 손바닥을 비빌 때 나는 사실 열을 발생시키는 것이다. 이 열은 대기 중으로 돌아가고, 이런 식으로 에너지 순환이 전과 같이 계속된다.

영구적인 변형이란 에너지가 끊임없이 다른 형태로 이동하지만 새로 생성되거나 사라지지는 않는다는 것을 의미한다. 어떤 에너지는 볼 수 있지만 또 어떤 에너지는 볼 수 없다. 사실 대부분의 에너지를 당신은 눈으로 볼 수 없다. 다양한 형태의 에너지들이 당신이 숨을 쉴 때마다 당신의 분자 속으로 침투한다. 이 자연법칙은 불변하는 것은 '아무것도 없음'을 뜻한다는 사실을 명심하라. 만물은 어떤 형태 안팎으로 영원히 이동한다.

이 법칙의 매력은, 당신의 생각이 모든 공간과 시간을 관통하는 가장 강력한 에너지 형태라는 사실에 있다. 당신의 생각은 '언제나' 비물질에서 물질로 변형되는 잠재력을 내재하고 있다.

고야의 법칙

당신에게 일곱 가지 법칙을 알려 주겠다고 약속한 것을 알지만 이 장을 마치기 전에 보너스로 한 가지 법칙을 더 드리고 싶다. 1980년대 영업을 배울 때 나는 전설적인 영업 트레이너 토미 홉킨스Tommy Hopkins가 고야GOYA의 법칙, 곧 "일어나 움직여라Get Off Your Ass"에 대해 말하는 것을 들었다.

113

이 간단한 법칙은 매우 효과적이다. 목표와 꿈을 향해 나아가게 하는 일을 날마다 해야 한다. 더 설명할 필요가 없다. 바로 행동을 취하라.

5장 완벽한 실패자가 되는 방법

> 나의 세대에서 가장 위대한 발견은 사람은 마음가짐을 바꿈으로써 자기 삶을 바꿀 수 있다는 사실을 알게 된 것이다.
>
> — 윌리엄 제임스William James

나는 거리의 문제아로 지내던 경험을 통해서 극복해야 할 많은 생각을 갖게 되었고 자존감을 다시 세워야 했다. 이 점에 대해서 당신은 이미 알고 있을 것이다. 그런데 내가 나중에 합법적인 일을 할 때 큰 도움을 준 몇 가지 신념 또한 거리 생활에서 얻은 것이었다는 이야기를 들으면 놀랄 것이다. 일례로, 나는 여러 해를 소규모 패거리 활동에서 지시를 받고 그대로 행하는 대신 스스로 조직하며 보냈기 때문에, 나 스스로 성과를 이뤄 내기 위한 적합한 활동을 조직하는 데 소질이 있다고 생각했다. 나는 실행 계획을 짜고 각각의 일에 적당한 사람들을 배치하며 거래 기록을 보존하고 우리가 법적으로 곤란해지지 않도록 했다. 그래서 나는 나 스스로를 뛰어난 입안자요 큰 그림을 보는 고안자요 창의적 착상가이자 재능 있는 매니저라 생각했고, 그 모든 것이 인디애나 주의 리맥스RE/MAX에서 최고경영자의 자리에, 나중에는 램부 영업마케팅부에서 수석 부사장 자리에 있을 때 도움이 되었다. 나는 사업할 때 나의 직감을 믿고 위험을 감수하며 협상하고 재투자하는 법을, 거리에서 배웠다.

당신은 긍정적인 신념과 부정적인 신념을 수도 없이 많이 갖고 있을 텐데, 그것들이 당신이 어떤 특정 방식으로 인식하고 행동하도록 영향을 미친다. 당신이 해서는 안 되는 일은, 긍정적으로 생각하면서 부정적으로 믿는 것이다. 그것은 완전한 실패자의 비법이다. 신념의 효과는 추상적이지 않기 때문이다. 신념은 당신이 날마다 기본적으로 하는 일을 결정한다. 일례로 자아 존중감에 대한 신념이 당신의 부를 결정한다. 건강과 영양에 대한 신념이 외모를 결정한다. 당신이 식당 메뉴판을 보고 있다고 가정해 보자. 당신은 건강과 영양에 대한 신념에 맞춰 결정해서 음식을 주문하고 먹을 것이다. 그 결정의 결과가 당신이 에너지가 풍부한지 아닌지를 결정 지을 것이다. 그리고 그것이 어느 정도 시간이 지나면 당신의 겉모습도 결정할 것이다. 그것은 또한 내적 건강도 결정한다. 이처럼 하나의 사소한 결정이 전체 영역에 영향을 미친다. 오랜 기간 잘못된 결정을 내리는 것은 이류의 삶에 이르는 확실한 길이다.

당신이 고려해야 할 것은, 당신이 가진 신념이 꿈의 목적지에 이르게 하는가 못하는가다. 당신은 아마 엄청난 힘을 자랑하는 코끼리를 작은 말뚝에 묶어 놓기 위해서 어떻게 조련하는지 들어 봤을 것이다. 조련사는 코끼리가 새끼일 때 당기면 고통을 유발하는 무거운 족쇄를 발목에 채워 말뚝에 묶어 놓는다. 짧은 시간 내에 코끼리는 당길 때 생기는 고통에 길들어진다. 코끼리가 자라면 조련사는 이전보다 더 약한 사슬을 사용한다. 코끼리가 사슬을 더는 당기지 않기 때문에 간단히 밧줄을 이용해 천막 말뚝에 묶어 둘 수 있게 된다. 마치 이처럼, 오늘날 당신이 가진 많은 신념이 약한 밧줄처럼 작용해 당신을 그 자리에 묶어 두고, 당신이 원하는 곳에 가지 못하게끔 막고 있는지도 모른다. 그래서 사람들은 제대로 작동하지 않는 관계에 머물고, 원하지 않는 일을 계속하며, 건강을 소홀히 하는 등의 일을 벗어나지 못한다. 좋은 소식은 당신이 그것을 바꿀 수 있다는 것이다. 당신은 떨쳐 나올 수 있다. 당신의 신념을 스스로 '선택'할 수 있다.

사람들 대부분은 살면서 어느 시점에 이르면 부모와 반드시 동일한 예배당에 다닐 필요가 없고, 자녀에게 동일한 신조를 가르칠 필요가 없으며, 동일한 신을 믿어야 할 필요가 없음을 깨닫는다. 당신이 이런 시점에 이르면 선택이란 것이 얼마나 자유롭게 해 주며 강력한지를 깨닫게 된다. 또한 겁이 날 수도 있다. 마치 안전망 없이 날아가는 것과 비슷한 느낌일 것이다. 누가 가르쳐준 적이 없는 것에 기초했을 때 무엇이 '옳은지' 어떻게 알 수 있겠는가? 이런 선택을 할 때는 당신 자신에게 정말로 귀를 기울이고 자신의 지혜를 참고하고 자신의 영성을 평가해야 한다. 믿음에 의해 가족의 전통을 계속 따르기로 선택하든 또는 다른 길을 가기로 선택하든 '당신의 선택'에 대해 스스로 성숙했음을, 그리고 책임감을 느낄 것이다. 바로 당신이 선택한 것이기에 다른 누군가가 대신 결정해 줬을 때보다 더욱 의미가 있고, 개인적으로 더욱 헌신할 것이다.

마찬가지로, 결혼 생활이 힘들어지고 부부 모두 결혼을 유지해야 할지 말지를 결정해야 할 때 강렬하게 깨닫는다. 매일 매시간 매초가 선택이라는 사실을. 두 사람 모두가, 꼭 부부가 되어야 하는 것은 아니라는 사실을 생각하고, 그냥 프로그램을 따라가는 대신 언제나 '의식적으로' 상대를 선택하면 그들의 헌신은 더욱 깊고 더욱 의미가 깊어진다. 이 사실을 알고서 서로를 선택하는 것은 훨씬 큰 사랑의 행위고, 관계를 더욱 풍요롭게 한다.

당신의 다른 신념들 모두 이와 같을 수 있다. 건강이든 신이든 결혼이든 자녀든 직업이든 다른 사람들이든 또 그 어떤 것이든 무엇을 믿을지 의식적으로 선택하는 일은, 당신의 삶에서 그러한 신념에 더 큰 무게와 더 큰 의미를 주는 것이다. 나는 거리에서 얻은 몇 가지 신념, 곧 모험가가 되는 것과 내 직감을 믿는 것, 매니저와 더 나아가 몽상가로서의 나 자신을 믿는 것을 고수하기로 선택했고, 나를 방해하는 견해들은 당연히 버리기로 결정했다. 나는 충분히 똑똑하지 못하고 저 사람들은 날 안 좋아하고 누구도 믿을 수 없다는 생각은, 내가 원하는 곳에 이르는 것을 절대적으로 방해했다. 나는 내 인생의 어떤 것도 바뀌지 않기에 내가 바꿔야 한다는 사실을 여러 멘토의 도움으로 깨달았다. 그 변화는 밖에서부터 안이 아닌, 안에서부터 밖으로 일어난다.

그렇지만 그것이 꼭 스위치를 돌리는 것과 같지는 않다. 당신이 그 신념들이 정말로 진실인 듯 여기면 살아왔다면 시간이 좀 걸린다. 다시 말해 당신이 그 신념들을 절대적인 것으로 여기고 애착을 가져왔다면, 단지 신념일 뿐만 아니라 그것에 당신의 삶이 달려 있다고 믿어 왔다면 말이다. 어떤 신념이 마음에 닻을 내리면 모든 행동은 그 믿음에 따라 자동적으로 이뤄진다. 그 이상도 이하도 아니다.

우리는 신념에 대해 너무 강하게 일체감을 느끼는 경향이 있어서 그것을 바꿀 필요성을 인정한다면 "나는 지금 모습으로는 충분하지 못해."라고 말하는 것으로 여긴다. 그렇다면, 한번 들어 보라. 당신은 현재 당신의 신체가 아닌 것과 마찬가지로 당신의 현재 신념과도 같지 않다. 그리고 당신 삶의 어느 영역에서 신념이, 원하는 결과를 얻게 하는 데 충분하지 못할지도 모른다.

당신이 가장 소중히 붙잡고 있는 신념이 당신에게 도움이 되는지 그렇지 않은지 한번 자신에게 물어보라. 그 신념들이 당신이 꿈꾸는 삶을 창조하는 데 도움이 되는가? 아니면 당신과 당신이 사랑하는 사람들에게 제약이 되는가? 그런 신념은 인간에게 눈가리개와 같다는 사실을 기억하라. 그런 신념은 너무나 강력해서 오로지 그것과 비슷한 것만 보게 한다. 그러나 그것은 진실이 아니다. 단지 과거의 배움과 경험, 평가에 기초한, 진실에 관한 당신의 인식일 뿐이다.

비전이 없다면 사람들이 망하는 게 사실이라면, 행동이 없을 경우 사람들과 그들의 비전 모두 망한다는 것은 두 배로 사실이다.

— 조네타 베취 콜Johnnetta Betsch Cole

신념은 어디서 생기는가

당신의 신념은 태어날 때부터 조성되고 부모와 교사, 다른 아이들, 경험에 대한 당신 자신의 평가, 경험과 연관 짓는 의미에 의해 발전된다. 독서와 글쓰기, 혼잣말, 텔레비전 시청 또한 당신의 신념에 영향을 미치고, 그 신념이 결국 습관을 형성한다. 이렇게 형성된 습관이 이제는 자동 조종장치처럼 되고, 잠재의식에 의해 조종된다.

당신은 자신이 지적, 도덕적, 영적으로 어떤 종류의 사람인가에 관한 신념을 갖고 있다. 당신은 좋은 부양자인가 아닌가, 좋은 연인인가 아닌가 등과 관련해서 신념을 갖고 있다. 삶의 다양한 영역에서 그야말로 수많은 자아상을 갖고 있다. 그 자아상 모두가 단지 신념에 기초한 착각에 지나지 않지만 매우 실제처럼 느껴진다. 당신의 자아상은 가장 깊은 차원에서 당신 자신에 대해 진실이라 믿는 것이다. 어쨌든 당신은 수년에 걸쳐 충분한 증거를 갖고 있지 않은가? 그 모든 '증거'와 싸우기 위해서는 어느 정도 진지하게 재프로그래밍을 해야 한다.

진짜 당신의 모습과 당신이 이룬 몇몇 결과 사이에 묶이지 마라. 현재 당신의 위치를 스치듯 볼 만큼 대담하고 영리해지고, 정당하게 당신의 소유인 것을 꼭 붙잡아라.

일례로 두 사람이 정말로 빠르게 내려가는 롤러코스터를 타는 동일한 경험을 할 수 있다. 한 사람은 좋아하지만 또 다른 사람은 겁에 질린다. 한 사람은 결국 롤러코스터란 무서운 것이고, 또 한 사람은 아주 신나는 놀이 기구라는 견해를 갖겠다고 생각하는가? 물론이다. 언제나 사람들은 온갖 경험에 대해 아주 다른 견해를 형성한다. 어떤 견해가 진실일까? 어느 것도 아니다. 또는 둘 다 진실이기도 하다. 그러나 진짜 중요한 것은, 어떤 신념이 당신을 원하는 삶으로 이끌 것인가다. 당신이 선택할 일이다.

내 아들 키넌이 일곱 살 때 한 경험으로 예를 들어 보겠다. 나는 샌디에이고에서 패러글라이딩을 하는 데 초대받아 수락했다. 키넌이 자신도 가고 싶다고 해서, 나는 아내에게 오전 11시 30분에 글라이더 장에서 만나자고 메시지를 남겼다. 그곳 절벽에서 우리는 뛰어내릴 것이었다.

음, 나는 확실히 모험을 즐기는 사람이지만 아내는 아니었다.

아내는 급히 글라이더 장으로 달려와서는 아들이 강사와 함께 절벽에서 뛰어내리는 모습을 보고 거의 기절할 뻔했다. 500피트 아래로 대양이 펼쳐졌다. 몇몇 구경꾼은 내가 아들에게 이 모험을 하게끔 허락했다는 사실을 믿기 힘들어했다. 또 어떤 사람들은 자신의 아들도 그 자리에 데려왔으면 좋았겠다고 생각했다. 나와 아들 모두 패러글라이딩은 처음이었기에 솔직히 어떨지는 예상하지 못했다. 사실, 나는 약간 겁이 났지만 스카이다이빙을 할 때만큼은 아니었다. 사람들이 개미만큼 조그

맑게 보이는 1만 피트 상공에서 뛰어내리는 것과 비교할 때 500피트는 공원을 산책하는 수준이었다.

아들의 첫 생각은 "와! 엄청 재밌겠다!"였다. 실제로 패러글라이딩을 해본 뒤, 높은 곳과 패러글라이딩에 대한 아들의 긍정적인 생각과 인식이 영원히 마음속에 뿌리내렸다. 한편 엄마의 첫 생각은 위험하겠다는 것이었다. 그녀의 부정적인 견해는 우리의 경험으로 인해 약간 흔들렸고, 그녀 역시 언제가 시도해 보고 싶다는 마음을 아주 약하게나마 표현하기에 이르렀다. 그녀 역시 해보기를 나는 바란다.

반면에 나의 다섯 살 난 아들, 노아는 그날 우리와 같이 갈 준비가 안 된 듯해, 나는 그저 아이 스스로 결정하게 했고 그 뜻에 따랐다. 입이 쫙 벌어져 돌아온 형의 모습과 우리가 하늘에서 찍은 사진들을 본 노아는 다음번에는 자신도 가겠다고 말했다.

어떤 신념은 즉각적으로 형성된다. 내 아들의 패러글라이딩에 대한 것처럼 특별한 감정적 경험을 했을 때처럼 말이다. 그러나 또 어떤 신념은 오랜 시간에 걸쳐 또는 여러 차례의 경험 후에 형성된다. 여기서 명심해야 하는 중요한 사실은, 신념 자체는 좋거나 나쁘지 않고 그저 존재한다는 것이다. 열쇠는 당신이 가진 신념들을 이해하고, 그것이 당신이 진정으로 원하는 삶을 창조하는 데 쓸모가 있고 도움이 되는지 안 되는지 알아내는 것이다.

비행기 조종사가 목적지를 모른다면?

비행기가 공항에서 이륙하면 조종사가 좌표를 최종 목적지에 맞춰 둔 후라도 비행경로는 계속 모니터링되고 조정되어야 한다. 바람이나 날씨 또는 다른 조건들에 의해 비행기는 보통, 그리고 지속적으로 비행 계획에서 벗어나기 때문이다. 그러면 비행기를 제 경로로 되돌리는 일은 조종사에게 달려 있다. 그래서 최종 목적지를 아는 일이 대단히 중요하다.

마찬가지로 당신이 꿈꾸는 삶을 창조하기로 마음을 정했다면, 여러 상황에도 불구하고 진로를 벗어나지 않는 것은 당신에게 달려 있다. 갖가지 역경과 도전에 어떻게 맞서는가에 대한 당신의 신념이 스트레스와 격변의 시기에 당신이 무엇을 해야 할지를 결정한다.

여기서 명심해야 하는 요점은, 당신의 자아상과 신념은 고정된 게 아니라는 것이다. 당신의 자아상과 신념은 당신이 선택할 때마다 바꿀 수 있다. 우리는 교사나 부모 등이 서서히 주입한 신념들에 대해서는 선택권이 없었다. 그러나 성인이 된 이상 자신을 꿈으로 향하게끔 움직일 신념들을 '선택'할 수 있다.

가령 당신이 컴퓨터 프로그래머인데, 당신이 만든 어떤 프로그램이 원했던 작업을 수행하지 못한다면 어떻게 하겠는가? 그 프로그램을 바꾸지 않겠는가? 당신의 프로그램도 그것과 다르지 않다. 중요한 것은, 어떤 프로그램이 내는 결과물을 계속 평가하는 일이다. 어떤 프로그램은 당신이 어릴 때 또는 다른 직업을 갖고 있을 때 효과가 좋았을 수 있

123

다. 그러나 성장하고자 하고 현재보다 더 많은 것을 원하는 현재에는 꼭 맞는 게 아닐 수 있다.

프로그래밍을 바꾸는 방법은 심리 요법에서부터 신경언어학 프로그래밍, 그리고 아주 복잡하게 들리는 다양한 기법에 이르기까지 무수히 많다. 좀 더 복잡한 재프로그래밍 절차에도 적용되는 간단한 방법 하나를 소개하겠다. 그것은 무의식에 포격을 가하는 방법이다.

현재 우리는 잠재의식적 마음에 접근하는 다양하고 많은 방법을 안다. 어떤 사람은 읽기를 좋아하고 어떤 사람은 즐겨 들으며 또 어떤 사람은 보기를, 또 어떤 사람은 만지기를 좋아한다. 쓰기든 읽기든 듣기든 만지기든 모든 자극은 뇌에 접속하는 것을 강화한다. 당신의 옛 프로그래밍을 재조정하려면 잠재의식적 마음에 새로운 형태의 선언과 긍정적인 단언으로 긍정적 프로그래밍의 포격을 가하기만 하면 된다. 당신의 무의식적이고 부정적인 옛 생각이 무의식적이고 긍정적인 생각으로 대체될 때까지 긍정적인 단언과 읽기, 쓰기, 보기, 듣기를 거듭 반복하는 것이다.

무의식적이고 긍정적인 생각을 창조해 뇌의 비의식적인 부분에 주입시키면, 그 생각이 당신이 원하는 것을 창조하기 위해 하루 스물네 시간 주중 7일을 당신 편에서 작동할 것이다.

이때 신념을 개조하는 것이므로 가능한 한 가장 능력 있는 신념을 선택하는 게 좋다. 부정적이 아닌 긍정적인 신념들을 긍정문으로 작성하라. 예를 들면 나는 운동 선수들에게는 절대로 "모래 구덩이로 치지 마라."거나 "과울을 범하지 마라."라고 말하지 않는다. 그들의 비의식적 마음이 그 말에 집중하기 때문이다.

긍정문을 적을 때 두 번째로 중요한 부분은, 이미 그 일이 진행되고 있는 것처럼 현재 시제로 적어야 한다는 것이다. 대체로 당신의 비의식적 마음은 과거와 미래의 차이를 모르고, 모든 것을 문자 그대로 받아들인다. 그래서 당신이 "나는 걸출한 사업가가또는 부모가 또는 연인이 될 거야." 라고 말하면 당신의 잠재의식은 당신이 미래 어느 시기에 그 행동을 취하거나 그 목표를 이룰 것이라고 가정한다. 그러므로 당신이 단언하는 신념을 현재 시제로 말하라. "나는 멋지고 걸출한 사업가다또는 부모 또는 연인."

나는 오래전에 변화를 위한 강력한 도구로서 소망을 표현하는 법을 배웠다. 내가 바꾸기를 원하는 신념을 확인하는 것부터 시작했는데, 이 책의 뒤에서 제시되는 것을 통해 당신도 도움을 받을 것이다. 그중 한 가지 신념이 나는 충분히 영리하지 못하다는 것이었다는 사실을 기억할 것이다. 내가 수용하고 싶은 신념들은 다음과 같은 것들이었다. "나는 매우 총명한 사람이다. 나는 배우고 성장하는 능력이 뛰어나다. 나는 뭐든 효과적이고 능률적으로 해내는 데 필요한 모든 수단을 갖췄다." 그래서 나는 이 신념들을 반복해서, 아마 2주 동안 매일 스무 번씩 썼고, 쓴 것을 하루에 여러 차례 반복해서 읽었다. 어떤 면에서 이런 쓰기는 잠재의식에 '지시'를 내리는 것이다. 의식적 마음을 설득하려고 애쓰는 게 아니다. 대신, 잠재의식에 단순히 새로운 정보를 보내는 것이다. 반복과 감정적 확신을 통해 새 신념을 잠재의식에 새겨 당신의 세포 하나하나가 새 신념과 연합하게 하는 것이다. 그러면 행동과 끌어당김이 자동적으로 일어난다.

이런 반복을 창조하는 또 다른 방법은 당신이 새 신념을 말하는 소리를 녹음한 다음 매일 듣는 것이다. 하루에 두 번 이상 듣는 게 이상적이다. 이 녹음 방법은 건강에서부터 부에 이르기까지, 사업 성공에서부터 자선 기부까지, 관계에서부터 영성에 이르기까지, 생산성에서부터 창의성에 이르기까지 광범위한 주제를 망라한 모든 신념에 효과적이다. 녹음을 하는 데 제일 많은 시간 투자가 필요한데, 녹음은 간단하거나(그냥 당신의 목소리를 녹음한다) 공을 들이거나(음악이나 음향 등을 넣는다) 또는 짧거나(단 5분) 길거나 원하는 대로 하면 된다. 녹음이 완성되면 운전하거나 잠자기 전, 아침에 일어나서 들을 수 있다. 창의력을 발휘해 보라!

가령 당신이 건강에 관해 새로운 신념을 채택하고 싶다면, 스스로 준비한 녹음이 운동할 때 훌륭한 사운드트랙이 될 것이다. 새로운 신념을 갖게 된 결과 당신의 삶이 어떨지를 그려 보고 대본을 적어라. 전부 현재 시제로 묘사하라. 말이 나온 김에 하는 말인데, 이 방법의 유일한 규칙은, 마치 모든 것이 이미 이뤄지고 있는 듯이 말하라는 것이다.

달리기를 하는 동안 들을 대본은 다음과 같이 시작할 수 있다.

나는 달릴 때 느낌이 매우 좋다. 내 몸의 컨디션이 매우 좋기 때문이다. 내 심장이 뛰는 것을 느낄 수 있고, 나의 호흡이 강력하고 고르다. 나의 다리 근육과 종아리는 튼튼하다. 나는 건강하고 활기찬 사람으로, 나

126

의 신체를 놀라운 그릇, 곧 내 영혼의 집으로서 존중한다. 나는 어느 때보다 더 건강하고 더 잘 뛴다. 나는 날마다 더 빠르고 강해진다….

당신은 신념들을 새로 적고 녹음해서 들으면서 또한 영상화를 추가할 수 있는데, 영상화는 어떤 노력에서든 성공의 주요한 요소이기 때문이다. 최고의 육상선수들은 어김없이 영상화를 활용한다. 영상화는 분석이나 훈련으로는 도달할 수 없는 수준의 잠재력을 풀어 놓는다는 사실을 알기 때문이다. 당신이 원하는 결과를 반복적으로 그려 봄으로써 잠재의식에 새로운 인지 세포들을 창조한다. 이런 방법으로 당신의 신체는 그런 행동 양식에 익숙해지고, 그래서 그런 결과를 기대한다. 당신은 또한, 목표를 성취하는 데 필요한 무엇이든 뇌가 자동적으로 기대하게 만드는 데 필요한 신경 연결 통로와 신경망도 만들어 낼 수 있다. 새로운 신경망이 당신이 새로운 비전과 조화를 이루는 행동을 하게끔 만든다.

자신의 음성 녹음을 활용해 영상화를 하려면, 녹음기를 틀어 놓고 그냥 수동적으로 듣기만 하는 대신 두 눈을 감고서 묘사되는 내용 전부가 실제로 이뤄지는 장면을 그려 보라. 달리기를 할 때는 이 방법이 좋은 생각이 아니지만 다른 경우에 해 볼 수 있다. 마치 '영화'를 만들 듯이 머릿속으로 반복해서 재생할 수 있다.

물론 영상화를 위해 반드시 음성 녹음이 필요한 것은 아니다. 영상화는 단지 새로운 발상이나 신념을 창조해, 거기에다 새 시나리오를 쓰고 상상하여 색감을 넣고 소리와 냄새 등을 입히는 것이다. 기업가라면 북

적거리는 사무실과 열정적인 직원들, 엄청난 액수의 수표가 담긴 봉투, 나무랄 데 없는 스타일의 고객 또는 소비자에게 가는 상품을 '볼' 수도 있다. 당신은 또한 영상화에 신기술을 더해, 머릿속으로, 옛 생활양식이나 습관을 새 것으로 덮을 수 있다. 저자이자 자기계발 전문가인 앤서니 로빈스Anthony Robbins는 이것을 '휙' 패턴이라고 부른다. 마음속으로 옛 패턴을 털어 버릴 때 '휙!' 하고 말해 보라.

어떤 사람들은 영상화에 약간 겁을 먹는데, 이런 사람들에게 음성 녹음이 도움이 될 수 있다. 그러나 영상화에 겁먹을 필요가 없다. 먼저 1분만 해 보라. 두 눈을 감고 당신이 어느 따스하고 선선한 바람이 부는 봄날 소풍을 나왔다고 생각해 보라. 아, 당신이 눈을 감을 채로는 이 책을 읽을 수가 없을 것이다. 잠시만 독서를 멈추고, 눈을 감고 마음속으로 그림을 그려 보라…

무슨 일이 일어나는가? 마음속으로 영상을 보았는가? 그렇지 않다면 실제로 새소리를 듣거나 싱그러운 풀 냄새를 맡거나 부드러운 바람을 느끼고 얼굴에 따스한 햇살을 느낄 수 있는가? 영상이 그려지지 않는다 해도 걱정하지 마라. 듣고 느끼고 냄새 맡는 것도 영상화와 동일하게 좋은 방법이다. 중요한 것은 당신이 가능한 한 많은 감정을 경험하는 것이다. 그것이 당신이 우주로 내보내는 진동과 메시지를 증폭시킨다.

당신은 영상화할 때 실제로 그곳에 있는 것일까? 아니다. 그러나 당신의 생각 영역을 의식적 마음 뛰어넘어 곧장 잠재의식으로 들어가는 것인데, 이것은 오직 의식에 의해 프로그램되고 표현되었을 때만 가능하다. 잠재의식은 실제 사건과 마음속에서 발생한 사건의 차이를 모른다. 잘

때 발을 차거나 뛰어내리거나 날아오를 때를 생각해 보라. 꿈속에서 그 동작들을 할 수 있다. 잠재의식의 영역에서는 모든 것이 가능하고, 그때 필요한 것은 당신이 그것을 원하는 것뿐이다. 그러므로 당신은 할 수 있다.

당신 자신의 프로그래밍을 바꾸고, 잠재의식에 새로운 지침을 주고자 한다면 새 신념을 강화할 방법을 가능한 한 많이 활용하라. 당신에게 과거에 효과적이었던 또 다른 수단을 알고 있다면 그것도 활용하라. 그런 것이 없다면 여기서 배운 방법과 뒤에서 배울 명상을 활용하라.

얼마나 자주 그리고 얼마나 많이 해야 하는가? 개인마다 다르지만 내 경험에 비춰볼 때 옛 프로그램에 새 인상을 더 많이 씌울수록 더 빨리 성과를 얻을 수 있다. 하루에 여러 번 영상화하고 명상할 수 있다면 그렇게 하라. 또한 한 번에 오직 한두 개의 주요한 새 신념에만 집중하기를 제안한다. 그리고 그것이 몸에 깊이 배어드는 느낌이 들 때까지 하라. 한 달에 단 두 개만 선택한다면 1년이면 '스물네 가지' 새로운 신념을 장착하게 된다. 그것이 당신의 인생을 바꿀 것이다!

그렇다면 어디서부터 시작해야 할까? 그것을 결정하는 데 이 책의 후반부가 도움이 될 것이다. 당신의 '진북'을 알아보고, 지금까지 이룬 성과를 평가하며, 그런 결과를 이뤄 낸 근원적인 신념들을 확인할 것이다. 그리고 당신이 꿈꾸는 삶으로 나아가기 위해 무엇을 믿어야 하는지 알아낼 것이다.

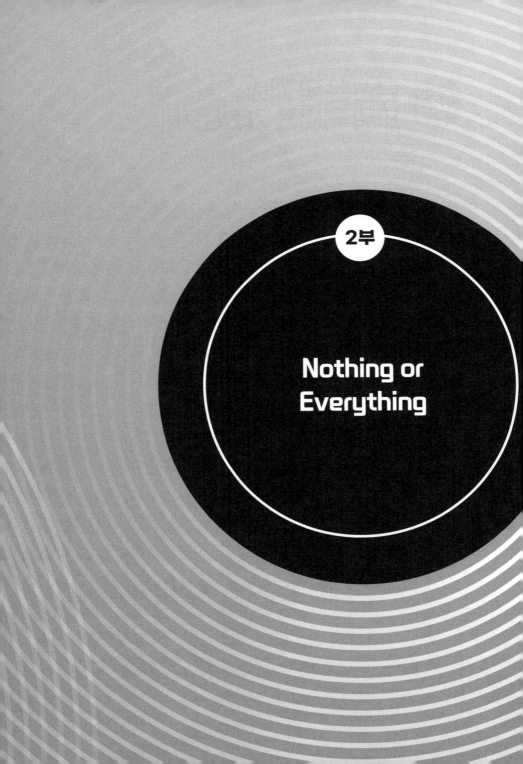

2부

Nothing or Everything

1장 당신은 몇 개의 파워 팩터를 가졌는가

> 힘이란 자랑할 필요가 없는 것이다. 힘은 자신감과 자기 확신을 주고, 자발적이면서 스스로 멈출 줄 알며, 스스로 열심을 내고 스스로 정당화한다. 당신이 힘을 가지면 알게 된다.
>
> ── 랠프 엘리슨Ralph Ellison

성공한 기업가와 회사, 연예인, 운동선수는 모두 내가 '파워 팩터 power factors'라 명명한 몇 가지 주요한 요인들을 갖고 있는데, 그것들은 최고 수준에 도달해서 활동하는 데 결정적으로 중요한 역할을 한다. 어떤 사람은 다른 사람보다 이 파워 팩터를 더 많이 갖고 있는데, 더할 나위 없이 좋은 일이다. 당신이 무엇을 갖고 있는지, 무엇을 개발할 수 있는지강점, 무엇을 관리해야 하는지약점 알아내는 것은 당신의 몫이다. 파워 팩터는 다음과 같다.

각각이 무엇을 의미하는지 살펴보고, 크게 성공한 사람의 사고방식을 개발하라.

끈기

당신은 아마 엄청나게 유명한 베스트셀러《영혼을 위한 닭고기 수프》시리즈에 대해 들어 봤을 것이다. 이 시리즈는 첫 권이 출판되자마자 거의 즉시 성공을 거뒀는데, 그 이면에는 놀라운 끈기의 이야기가 있다. 이 시리즈의 저자 마크 빅터 한센Mark Victor Hansen과 잭 캔필드는 그들의 아이디어를 책으로 내 보겠다는 동의를 얻어 내기까지 141곳의 출판사 문을 두드렸다. 이 일화를 잠시 생각해 보라. 141명이 그들에게 "당신들의 책을 원하지 않습니다."라고 말했다. 141명이 지나갔다. 이것은 통찰력이 부족한 출판업자들에게는 손해가 막심한 실수였다. 결국 이 시리즈의 책 두 권이 7,500만 부 이상 팔리면서 기꺼이 모험을 한 출판사에 상상하지 못했던 수익을 가져다주었다.

탁월한 재능의 축복을 받은 사람이 꼭 다른 모든 사람을 능가하는 것은 아니다. 끝까지 완수하는 사람이 뛰어난 것이다.

— 메리 케이 애시Mary Kay Ash

그렇다면 언제 포기해야 할까? 여행이나 임무, 목적, 꿈에 대해 언제 패배를 인정하고 포기하는가? 아기에게 걷는 법을 가르치는 것을 언제 포기하겠는가? 걸음마를 배우는 아기는 처음에는 잘 걷지 못한다. 사실, 뒤뚱거리고 다른 사람이나 가구를 붙잡고 간신히 일어서며 수도 없이 넘어진다. 그렇다고 해서 아기가 걷는 것을 포기하게 해야 하는가?

벤처 사업은 어떤가? 인생의 짝을 찾는 일은 어떤가? 잃어버린 형제나 자매를 찾는 일은? 단기간의 차질이나 실수 때문에 꿈을 단념하겠는가?

어떤 것들은 결단코 해볼 만한 가치가 있지만 또 어떤 것들은 다른 방향으로 움직이는 게 훨씬 나을 수 있기 때문에 신중히 기해야 하는 일이 있다. 일례로 당신이 크게 투자한 주식의 가치가 바닥으로 떨어지고 있는 경우에, 끈기를 발휘하면 파산할 수 있다. 반면에 회사를 다음 단계로 올려 줄 수 있는 계약을 체결하려 한다면, 그 거래가 성사되도록 무슨 일이든부정직한 일은 제외하고 하는 게 현명할 것이다.

절대로 굴복하지 마라. 대단하든 사소하든 크든 작든 어떤 것에도, 명예와 양식의 신념을 위해서가 아니라면, 절대로, 절대로, 절대로 굴복하지 마라. 절대로 힘에 굴복하지 말고, 겉으로 압도적으로 보이는 적의 권력에 절대로 굴복하지 마라.

— 윈스턴 처칠Winston Churchill

어떤 일을 완수하기 위해 다른 방법을 찾는 것은 성공을 위해서 결정적으로 중요한 덕목이다. 할 수 있는 모든 일을 해 보고 마지막 가능성이 고갈될 때까지 절대로 그만두지 않는 것은, 리더와 승자를 범인과 구별 짓는 자질이다. 영국의 총리였던 윈스턴 처칠은 공격 준비가 다 된 히틀러 군대의 진격에 맞서 퇴각하기를 거부함으로써 끈기가 무엇인지를 전형적으로 보여 줬다. 그의 견고함은 자유 진영 전체의 미래에 영향을 미쳤고, 절대로 그만두지 말라는 그의 간결하면서 명확한 웅변은 영국인들을 감동시켰다. 그러나 그의 말은 비이성적으로 고집을 부려야 한다는 뜻은 아니다. 단지 계속 분별 있고 품위를 유지할 수 있는 한 신념을 지켜야 한다는 뜻이다.

물론 끈기는, '적'과 마찬가지로 여러 가지 모양으로 나타난다. 사업에서 당신의 상대가 시장 점유율에서 경쟁 회사일 수 있고, 또는 덜 분명한 것일 수 있다. 경영이나 전략에서 결함이나 어떤 프로젝트의 완수 시기에 대한 팀 내의 인식 같은 면에서 말이다. 관계에서는 두려움이나 분노, 태만함이 적일 수 있다. 재정에서는 채무나 자금 운용 문제일 수 있다. 처칠은 그런 압력에 굴복하지 말라고 한다. 그 어떤 압력에도 굴복하지 말라고.

요구 사항이 너무 많다고 생각하는가? 켄터키 프라이드 치킨의 존경

할 만한 어르신 고^故 커넬 샌더스에게서 교훈을 얻을 수 있을 것이다. 그는 나이 65세에 KFC 창업을 목표로 식당에 '요리 비법' 판매를 제안하고자 소도시마다 운전해서 다니기 시작했다. 매우 자주 자동차에서 잠을 잤고, 음식으로는 자신이 요리한 치킨으로 거의 매 끼니를 먹었다. 그는 1,009명의 사람들과 접촉한 후에야 목적을 달성했다. 1,010번째로 다가간 사람이 커넬의 치킨은 대중에게 팔기에 그야말로 "손가락을 핥을 만큼 맛있다"며 수락했다. 이것이 패스트푸드 역사의 시작이다.

토마스 에디슨Thomas Edison은 백열전구를 완성하기까지 9,000번 실패했다. 그가 실패한 횟수 때문에 좌절했던가? 그는 "나는 백열전구를 개발하지 못하는 8,999가지 방법을 알게 돼서 기쁘다!"라고 말한 것으로 유명하다. 그는 그후에도 연구를 계속해서 1,093개의 특허권을 따냈고 미국 역사상 특허권을 가장 많이 보유한 사람이 되었다.

마이클 조던Michael Jordan은 또 어떤가? 그는 고등학교 대표팀에서 첫 테스트 경기를 했는데 본선에 들지 못했다. 그 일에 자극을 받은 그는 더 나은 선수가 되기 위해서 다음 해 테스트 경기 때까지 매일 연습했고, 결국 최고 선수가 되었다. 그는 절대로 중단하지 않았다.

이런 이야기는 도서관 하나를 채울 만큼 많다. 헬렌 켈러Helen Keller, 테레사 수녀Mother Teresa, 아폴로 13호의 우주 비행사들, 레이 크록Ray Kroc, 에드먼드 힐러리 경Sir Edmund Hillary, 처칠, 그리고 이들 외에도 유명하거나 유명하지 않은 많은 사람이 있다. 당신은 아마 여기에 추가될 만한 사람을, 즉 위대한 어떤 일을 끝까지 그만두지 않고 완수한 사람을 살아오면서 한 번쯤 만나 봤을 것이다. 나는 성공에 이르는 데 있어서 끈기보다 더 중요한 특징을 알지 못한다.

그렇지만 끈기의 가치는 우리가 완수할 일만큼은 위대하지 않다. 대신에 우리는 그 과정에서 경험을 쌓는데, 그때의 좋고 나쁜 부침은 선물과 같다. 젊을 때는 원하는 것이 목표라고 생각할 수 있지만 실제로 기쁨을 가져다주는 것은, 그 과정에서 우리가 어떤 사람이 되느냐와 목표를 추구하는 여정에서 쌓는 경험들이다. 더욱 바람직한 것은, 당신에게 백만 달러를 줄 사람을 알거나 당신이 스스로 그 돈을 벌 방법을 아는 것일까? 당신에게 백만 달러를 줄 사람을 아는 것도 괜찮겠지만 당신 스스로 그 돈을 벌면서 창조하게 될 품성이 보다 큰 선물일 것이다. 마찬가지로 부모의 기쁨은 다 큰 자녀라는 '완성품'에 있는 게 아니다. 자녀를 키우고 성장하게 도우며 가치와 이상을 형성하고 그의 인생 과정마다 죽 함께하는 데 있다. 우리가 숨을 거둘 때가 가까워질 때 추억할 것은 모든 좋은 기억과 시도, 고난이다.

마음가짐

우리가 알아야 할 중요한 신비 중의 하나가 마음가짐이다. 왜 어떤 사람들은 언제나 기분이 좋고 멋진 견해를 즐기는데 또 어떤 사람들은 그 반대일까? 마음가짐은 얼마만큼이 유전적이고 또 얼마만큼이 학습된 태도일까?

나는 나 자신의 선택을 통해 발전했다고 믿는 훌륭한 마음가짐을 갖고 있어 행복하다. 실제로 나는 나 자신이 이런 마음가짐을 선택했다고 배워 알게 되었다. 학교 교육을 말하는 게 아니다. 나 스스로 알게 되었다는 의미다. 당신은 날마다 시간을 어떻게 보낼 것인지, 일어나는 일에 어떻게 반응할지 선택한다. 어느 상황에서든 당신이 결정을 내린다. 당신이 환경에 완전히 압도되어 모든 힘을 빼앗길지 아니면 당신이 상황을 통제하고 앞으로 나아갈지 선택할 수 있다. 내 친구 네이트 브룩스가 불리함을 극복하고 빈민가를 벗어나 얼마나 훌륭한 곳에서 교육받고 놀랍게 성공한 사업가로 부상했는가를 기억하라. 그를 앞으로 나아가게 만든 것은 그의 마음가짐이었다. 만일 그가 환경에 지배 당하기로 결정했다면 그는 지금도 그 빈민가에서 또는 더 열악한 데서 살고 있을 것이다.

당신은 복되게도 매일 잠에서 깨어나면 자신의 마음가짐을 결정할 능력을 갖고 있다. 어떤 환경이든 당신이 어떻게 반응할지 선택할 기회를 준다. 당신을 통제하는 것은 결코 환경이 아니다. 매번, 그리고 매 순간 당신의 선택이다.

이제는 당신도 알듯이 모든 것의 양면을 본다는 것은 자연의 여러 법칙 중 하나인 양극성의 법칙을 사용하는 것이다. 긍정적인 면을 선택해 앞으로 나아가는 일은 순전히 결정과 관심의 문제다.

당신은 자신의 마음가짐뿐 아니라 주변 사람들의 마음가짐 또한 선택할 수 있다. 사람들에게 긍정적인 영향을 끼칠 수 있다는 얘기가 아니다. 그 역시 매우 사실이기는 하지만 말이다. 내 말은 당신이 함께 시간을 보낼 사람들을 선택할 수 있고, 그렇게 함으로써 당신의 삶을 선택할 수 있다는 뜻이다. 개인적으로 나는 부정적인 사람들이 내 마음이나 삶에 침투하는 것을 허용하지 않는다. 어떤 특정 사건이나 슬픈 일로 인해 슬퍼하는 사람에게 관심을 갖지 않는다는 뜻이 아니다. 나는 어느 것에서든 좋은 면을 보지 못하는 사람들, 이른바 '심리적 뱀파이어들'은 피한다.

나의 친척 중 한 사람이 잘못된 점만 보는 이상한 능력이 있었다. 한 번은 내가 그녀에게 일등석 항공요금을 포함해 유람선 여행을 떠날 수 있게 해 줬다. 그녀가 짐 꾸리는 일과 비행시간, 더위, 다섯 곳의 기항지, 한 번의 도중하차에 대해 불평하는 소리에 나는 어안이 벙벙했다실은 아니었을지도 모른다. 그래서 나는 다음번에 가면 어떻겠느냐고 신속히 제안했다. 다행히 그녀는 그렇게 하겠다고 했다. 내가 돌아간 직후, 그녀는 나의 첫 제안을 받아들이지 않은 것 때문에 자기 연민에 빠졌다. 나는 안도감을 느꼈다! 그런 불평가와 함께 떠나는 여행은 별로 휴가 같지 않았을 것이다.

마음가짐은 매우 중요하다. 항해 중에 만나는 순풍과 같다. 전적으로 행복해지는 데서 가장 중요한 몫을 차지한다. 그리고 100퍼센트 당신 자신이 통제할 수 있는 부분이다.

때때로 나는 아이들에게서 좋게 볼 수 없는 마음가짐을 알아챈다. 그러면 나는 아이들에게 그런 마음가짐이 계속될 때 따라오는 결과를 지적한다. 아이들과 나는 누구의 마음가짐이 어떤지, 그리고 누가 그것을 바꿀 수 있는지 대화한다. 그러면 대부분의 경우 아이들의 견해와 행동이 바뀐다.

일례로, 내 아들들이 학교에서 돌아와 징징거리기 시작한다. "심부름 하기 싫어요."

그러면 나는 묻는다. "왜 심부름을 하기 싫지?"

예상대로 아이들은 대답한다. "모르겠어요." 그러면 나는 다시 묻는다. "그 마음가짐이 너한테 도움이 될까? 아니면 그 마음가짐 때문에 네가 원하지 않는 결과가 생길까?"

키넌과 노아는 둘 다 영리해서 그런 마음가짐은 원하는 결과를 가져다주지 않는다는 것을 금세 깨닫고 대답한다. "제가 원하지 않는 결과가 생길 거예요."

"너의 마음가짐을 바꾸겠다는 선택은 누가 하는 거지?"

"저요."

"그런데 네가 마음가짐을 바꾸지 않으면 결과가 어떻게 될까?" 아이들은 심부름하기를 거부한 결과가 무엇일지 알아차린다. 보통 방에서 혼자 얼마의 시간을 보내는 이른바 '타임아웃'을 해야 한다. 아이들은 언제나 선택지를 갖고 스스로 선택하는데, 이와 같은 상황에서 보통은 마음가짐을 바꾸기로 선택한다.

아이들이 생각한 결과를 말하면 나는 묻는다. "네가 원하는 결과를 일으킬 마음가짐을 선택하기에 좋은 때가 언제라고 생각하지?"

"지금 당장이요."

내 아이들이 이 교훈을 이처럼 빨리 배울 수 있다면 성인은 더욱 빠르게 적용할 수 있다고, 나는 절대적으로 확신한다. 당신이 의식한다면 자신의 마음가짐을 통제하고, 그렇게 함으로써 자신의 삶도 통제하도록 스스로 훈련할 수 있다.

훈련

훈련이 당신 삶의 성공에서 하는 역할은 탄소가 강철에 하는 역할과 같다. 곧, 성공하기 위해서는 훈련이 필요하다. 자신에게 스스로 명령하고 그것을 따르는 능력은 꿈꾸는 삶을 성취하기 위해서는 필수적이다.

당신은 자녀와 당신의 고용인이 훈련되기를 기대할 것일 텐데, 당신 자신도 훈련되기를 기대해야 한다. 훈련이 없다면 일은 그저 멈춰 있고 먼지만 쌓인다. 성취하고자 하는 일을 정하고 하기로 결정했다면, 실용적이고 훈련된 방식으로 접근해야 원하는 결과에 이른다.

위대한 일에는 시간이 필요하고, 끈기와 지속성이 결과를 결정한다.

당신의 의지력과 진짜 갈망이 훈련에 큰 역할을 한다. 원하는 결과에 대한 진정한 마음과 이득이 없다면 당신은 꿈꾸는 삶을 성취하기 위해 거쳐야 하는 대가를 치르지 않을 것이다.

그런데 꼭 필요한 일을 하고 싶지 않을 때가 가장 중요한 때다. 준비하고 실행하는 능력을 개발하는 방법은 전적으로 순전한 투지이자 갈망이다. 올림픽 금메달리스트 피터 비드마르Peter Vidmar는 챔피언이 되기

141

위해 딱 두 가지만 해야 했다고 말한 것으로 유명하다. 그 두 가지란 하고 싶을 때 연습하고, 하고 싶지 않을 때 연습하는 것이었다.

이와 동일한 원칙이 훈련과 당신의 목표에도 정확히 들어맞는다. 어떤 것을 하고 싶지 않더라도 그것이 중요하고 계획의 일부라면 어찌 되었든 반드시 해야 한다. 오랜 시간 이것이 계속되면 게으름을 피우고자 하는 유혹이 중단되고, 해야 할 일을 기꺼이 실행하는 기술과 습관이 길러질 것이다.

결과에 관심을 갖는 것과 결과에 헌신한다는 것 사이의 차이를 표현하는 격언이 하나 있다. 관심을 가지면 편리한 일을 하게 되지만 헌신되어 있다면 무엇이든 하게 된다. 당신은 꿈꾸는 삶을 창조하는 일에 관심이 있는가 아니면 헌신되어 있는가?

> 사람들 대부분은 발끝으로 살금살금 걷듯 조심스레 살아간다. 안전하게 죽음에 이르기를 바라면서.
>
> — 얼 나이팅게일Earl Nightingale

내가 지금 이 책을 쓰고 있는 시각은 새벽 4시다. 나는 밤 11시에 취침해서 새벽 2시 50분에 일어나 서재로 와 글을 쓴다. 정말이지 내 침대 속은 아늑하고 따뜻하지만, 나는 당신이 앞으로 손에 쥐게 될 결과에 헌신되어 있다. 이런 수준의 노력 없다면 이 책은 결코 완성되지 못했을 것이다. 말만 하는 사람이 아닌 행하는 사람이 되자.

비전과 목적

목적이 없다면 이 모든 계획과 설계가 다 무슨 소용 있겠는가?

각 사람에게 가장 큰 동기부여 요소 중 하나는 '왜'라는 질문이다. 나는 왜 존재해야 하는가? 나는 왜 존재하는가?

우리는 마음속 깊은 곳에서부터 삶의 진정한 의미를 갈망한다. 나는 무엇을 지지해야 하는가? 나는 무엇을 믿어야 하는가? 나는 이 땅에 무엇을 위해 존재하는가? 이런 질문들은 모두 진지하게 생각하고 숙고해 볼 가치가 있다.

각 사람은 전체에 속하고 그 안에서 어울려야 한다고 나는 생각한다. 또한 우리 모두는 할 수 있는 한 전체에 도움이 되어야 하고 그러기를 원해야 한다고 생각한다. 사실 우리는 모두 전체를 구성하는 부분이다. 어떤 사람은 다른 사람들보다 더 결속감을 느끼기는 하지만 말이다.

당신의 삶의 목적을 결정하라. 자문해 보라. 만일 당신이 그 일을 하지 않으면 사는 게 그저 시간 낭비일 것 같다는 생각이 드는 한 가지는 무엇인가? 당신의 삶의 각 부분에서 비전들이 있을 것이고, 그 비전들이 다 모여 당신이 꿈꾸는 삶을 창조할 것이다. 당신이 훌륭한 엄마나 남편, 운동선수, 사업가, 그 무엇에 헌신하든 상관없다. 당신이 누구이고 무엇을 하는 사람이냐의 본질은 언제나 더욱 완전한 표현과 확장을 위한 것이다. 사람들은 자기 존재의 목적 또는 의미를 느끼지 못할 때 무기력해지고 병이 든다.

당신의 삶의 목적은 무엇인가? 지금 당신이 처한 삶의 여정에서 어떻게 가장 큰 성취를 끌어낼 것인가? 완전히 즐기고 걸작을 창조할 때는, 미래의 어느 때가 아닌, 바로 지금이다. 우리가 가진 것은 다만 현재뿐이다.

당신의 삶의 비전을 결정하고, 그곳으로 나아가도록 지금 즉시 무엇이든 하라.

초점과 실행

글로 적힌 모든 계획, 써진 모든 목표, 꿈, 갈망 등 모든 것은 행동으로 옮겨지지 않는다면 아무 쓸모가 없다.

분석하고 계획을 세우지만 나가서 '실행'하지 않기 때문에, 토대를 쌓지 못하는 뛰어난 사람이 아주 많다. 진짜 차이는 실행에서 난다.

많은 사람이 실수할까 봐 두려워서 실행하는 대신 관찰만 하다가 멈춘다. 일단 계획을 검토하고 철저히 숙고했다면 이제 게임에 뛰어들 때다. 예측한 최악의 상황이 벌어지고 있다면 그게 무슨 대수인가. 다른 것을 시도하면 된다.

과녁에 눈을 고정하는 것이 그것을 맞추는 유일한 방법이다. 목표에 초점을 맞추지 않으면 우연이 아닌 한 그것을 맞출 수 없다. 당신의 성공을 우연에 맡기지 마라. 성공을 당신 자신과 실행에 맡겨라.

실행과 끈기는 함께 간다. 선택지가 많을수록 당신은 더 많은 행동을 취할 수 있다. 행동에 옮기면, 측정하고 평가하며 수정한 후 진행할 결과가 생긴다.

만일 당신이 모든 퍼즐 조각을 이해하고 할 수 있겠다는 자신감이 생기기까지 기다린다면 좋은 기회를 놓칠 것이다. 준비되었다고 자신할 수 있을 때까지 대기하지 마라. 그것은 핑계일 뿐이고 후회만 남길 것이다.

내가 아는 성공한 사람들은 모두 행동에 옮기는 사람들이다. 행동에 옮기는 사람이 되라. 시도하면, 나중에 실행하지 못했다는 부끄러움 또는 죄책감은 결코 느끼지 않을 것이다.

가장 큰 즐거움은 현장에 있다. 모든 전문 스포츠팀은 챔피언전 우승에 초점을 두고서 한 해를 시작한다. 날마다 승리를 머릿속으로 그리며 훈련한다. 어떤 날은 훈련이 잘 될 수 있다. 그들은 훈련이 잘 안 되는 날에도 최종 결과를 위해 단념하지 않는다. 당신도 초점을 맞추고 전념하기를 권한다.

당신의 계획이 날마다 더 좋아지고 목표에 더 가까워지도록 헌신해야 한다. 얼마 전부터 나는 이렇게 초점을 맞추는 것을 "오직 산소만 생각"이라 부르기 시작했다. 이것은 오로지 결과를 불러오는 과제 또는 임무에 절대적으로 요구되는 일만 한다는 뜻이다. 아폴로 13호를 생각해보라. 그 안의 우주 비행사들은 산소가 떨어져 가기 때문에 낭비할 시간이 없다. 그들은 오직 지구로 귀환할 생각만 하고, 그 외의 다른 것은 중요하지 않다. 논쟁하고 투덜대고 무서워할 시간이 없다. 사업할 때 나는 바로 그들처럼, 오로지 산소만 생각한다. 지금 당장 반드시 할 필요가 없는 일들은 하지 않는다. 효율적으로 되는 것은 산소 생각과 선택적 생각을 구분하는 것이 전부다. 자문해 봐라. 선택 사항은 무엇일까? 모든 선택 사항을 가늠해 보고 나서 결정하고, 그런 다음 행동을 취하라.

이 책 전체를 통해 나는 계획 짜는 시간을 거듭 강조했다. 내가 그 시간을 그토록 강조하는 것은 사람들 대부분이 계획을 짜는 데 마땅한 시간을 투자하지 않으려고 하기 때문이다. 그들은 단지 계획을 짜는 데 들이는 시간이 너무 지루하다고 느낀다. 사람들 대부분이 다 낡은 돛단배를 타고 바다 한가운데로 나가기 때문에, 목적지에 도달하지 못한다. 어떤 사업이 실패하는 이유를 또는 어떤 사람의 삶의 어떤 영역이 잘되지 않는 이유를 살펴본다면, 대체로 그건 그들이 별로 숙고하지 않았기 때문인 경우가 많다. 그들은 "내가 지금 무엇을 하고 있는가? 내가 할 수 있는 다른 방법은 없을까?"와 같은 질문을 해 보는 시간을 갖지 않았다. 어떤 방법이 자신에게 가장 의미 있는지 결정하는 데 시간을 들이지 않았다.

당신은 다르게 할 수 있다. 당신이 원하는 결과에 집중할 수 있도록 시간을 갖고 계획을 짜라. 그러면 오로지 산소만 생각하게 된다. 당신이 꿈꾸는 삶을 창조하는 행동을 취할 태세를 갖추게 된다.

2장 짐 캐리의 2,000만 달러 수표

> 무언가를 얻기 위해 기도하는 만큼 노력하지 않고서 그 기도가 이뤄지기를 기대하는 것은 헛된 일이다.
>
> — 이솝Aesop

영상화는 용어가 복잡한 듯 느껴질지 모르지만 당신이 마음속으로 창조하는 영상과 소리, 느낌에 지나지 않는다. 말 그대로 '마음속으로 본다'는 뜻이다. 뇌와 뇌의 비의식적 기능들은 아기의 미소, 들판 위의 무지개 등과 같이 당신이 보는 것들을 '기억한다'. 당신은 그런 이미지들을 마음속으로 거듭 반복해서 재창조할 수 있다.

어떤 사람들은 눈을 감고서는 이미지를 '보기' 또는 영상화하기를 어려워한다. 만일 당신이 그렇다면 걱정하지 마라. 미래의 목표를 영상화할 때, 그 느낌을 느끼고 듣고 냄새 맡고 상상하는 감정과 함께 가고, 원하는 최종 결과를 반복해서 거듭 사용하라. 예를 들어 목표가 돈을 더 버는 것이라면, 당신이 돈을 더 벌었을 때 사람들이 당신에 대해서 뭐라고 말할지를 또는 당신의 기분이 어떨지를 생각해 보라. 비전이 성취되었을 경우, 당신의 모든 측면과 혜택을 그려 보라.

영상화할 때, 다시 말해 당신이 원하는 자신의 '영화들'을 창조할 때, 그 영화들은 비의식적인 마음에 입력되어 뇌에서 실제가 된다. 마음의 스크린에 영상을 창조할 때, 뇌는 그 영상이 실제로 일어나는 일이라고 믿는다. 영상이 반복되면 신경 연결 통로를 강화하면서 영상이 더욱더 실제적이 되게 한다. 그러면 당신의 마음은 그 사건이 실제로 일어났다고 또는 현재 일어나고 있다고 믿기 시작한다. 긍정적 단언과 결합한 영상화는 당신이 원하는 것을 물질세계에 창조하는 강력한 도구가 된다. 당신은 원하는 실체를, 새로운 신경 연결 통로와 인식 세포를 창조함으로써 먼저 내면에 창조하는 것이다.

나는 1995년에 규칙적으로 영상화를 하기 시작했다. 운동선수나 성공한 기업가들이 영상화를 한다는 글을 읽고는, 나도 해 보겠다고 생각했다. 보드 하나를 내 사무실 벽에 붙였다. 원하는 것이나 여행 가고 싶은 곳이 생기면 언제나 그 사진을 구해 그 보드에 붙였다. 나는 영상화할 때 나의 온 감정을 담았다. 내가 원하는 것을 이미 즐기고 있는 나 자신을 보았다.

2000년 5월 나는 아침 7시 반에 내 서재에 앉아 있었다. 우리 가족은 캘리포니아 랜초 산타페의 새 집으로 이사한 지 얼마 안 되었던 터여서,

아들 키넌이 들어와 내가 4년 동안 모아 온 물건들을 넣은 상자들 위에 앉았다. 이삿짐 운송 회사에서 붙여 놓은 테이프가 여전히 붙어 있었다. 아들이 상자 속에 무엇이 들어 있는지 물어, 나는 '비전 보드'가 들어 있다고 설명했다. 다섯 살 난 아이가 어떻게 생각했을지 상상이 갈 것이다. 아빠의 비전 뭐라고?

그래서 나는 상자들을 열었다. 처음에 나온 비전 보드에는 벤츠 스포츠카와 시계 등의^{당시에는 내가 이미 갖고 있던 것들} 사진이 붙어 있었다. 나는 두 번째 비전 보드를 꺼내고는 환호했다. 비전 보드에는 우리가 이제 막 사서 이사 들어온 그 집의 사진이 붙어 있었던 것이다! 그냥 집이 아니었다. '바로 그 집'이었다. 그 순간 나는 창조의 기적과 마주했다. 생각이 물리적 형태로 움직인다는 나의 생각과 믿음에 대한 명백한 확증이었다.

현재 내가 사는 집은 4년 전 《드림 홈즈Dream Homes》라는 잡지에서 보고 비전 보드에 오려 붙였던 집이다. 5.5에이커^{약 23,375제곱미터 - 옮긴이} 부지에 지은 그 집은, 전망이 아주 멋지고 320그루의 오렌지 나무도 있다. 당신도 이와 같은 경험을 하게 될 것이므로, 나는 흥분된다. 반드시 나와 같은 집에 살 필요는 없지만 당신이 갈망하는 일이 실현되고, 각 사람 안에 있는 창조적 힘과 강렬하게 만나는 경험을 반드시 하기를 바란다.

생생한 영상화: 꿈의 연료

꿈을 성취한 사람들 대부분은 영상화가 주요 요인 중 하나라는 사실을 안다. 영화배우 짐 캐리Jim Carrey가 할리우드에 진출하기 훨씬 전에 어떻게 2,000만 달러 수표를 썼는지에 관한 얘기를 당신은 분명 들어 봤을 것이다. 그는 영화 출연료로 그 액수를 받는 자신을 자주 영상화했다. 그의 꿈이 실제가 되었음을 우리 모두 안다. 내 친구 엘런 드제너러스 Ellen DeGeneres는 자신의 목표들을 성취하기 위해 전 인생을 영상화하곤 했다고 알려 줬다. 그리고 전 세계의 유명한 많은 사람도 그렇게 했다.

창조에서 가장 중요한 요소 중 하나는, 실제 증거를 갖기 전에 창조하고자 하는 것의 물질적 상태를 이미 소유한 자신을 머릿속으로 미리 보는 능력이다. 영상화는 당신이 찾고 갈망하는 것을 마음의 이미지를 사용해 보고 느끼고 들을 수 있는 기술이자 훈련이다. 이 책에서 당신은 영상화를 위한 여러 가지 도구를 배울 것이다. 일례로 원하는 것을 자세히 기술해 적고, 소리 내 읽어 녹음한 다음, 마음의 눈으로 그 모든 것을 그려 보며 음성 녹음을 듣는 매우 효과적인 방법 같은 것 말이다.

영상화가 왜 효과를 발휘할까? 당신이 영상화를 시작할 때 활성화되는 몇 가지 요인이 있다. 첫째, 당신의 뇌 속에 인식 '세포들'이 만들어지고, 그것은 반복을 통해 마음에 고정된다. 그것이 마음에 정착하면 자동적으로 잠재의식은 당신이 갈망하는 그것이 실현되도록 일하기 시작한다.

당신은 앞 장에서, 우리가 어떤 것에 초점을 맞추면 우리의 진동이 자동적으로 그것과 조화를 이루는 것들을 찾아 나서고, 그 진동 또는 주파수와 일치하는 것을 향해 즉각적으로 움직인다는 내용을 읽었음을 기억할 것이다. 창조하길 원하는 결과에 맞는 진동 안에 적극적으로 들어

가는 것이 중요하다.

둘째로, 집중은 힘을 가진다. 돋보기를 이용해 햇빛을 모아 불을 피우는 것과 꼭 같이 당신은 꿈을 창조하는 데 필요한 에너지를 영상화를 활용해 모을 수 있다. 영상화를 잘하는 최선의 방법은 연습이다. 영상화가 누구나에게 쉽게 되는 것은 아니므로, 첫 시도에 잘되지 않는다고 해서 흥미를 잃지 마라. 충분히 연습하면 마치 습관처럼 될 것이다.

어떤 사람들은 한 가지에 집중하기를 매우 힘들어할 수 있다. 우리는 하루에 4만에서 5만 가지 생각을 하는데 그중 대부분이 아무런 목적이 없는 것이라고 한다. 영상화는 당신의 마음을 제어하고 원하는 것에 집중하게 하는 훌륭한 방법이다.

영상화 연습

로버트 맥킴Robert McKim은 저서 《시각적 사고의 경험Experiences in Visual Thinking》에서 '내면의 눈'을 위한 연습 방법들을 많이 제시한다. 그중 가장 강력한 방법은 그저 두 눈을 감고 어떤 것의 이미지를 떠올린 다음, 그것이 생생해질 때까지 세세한 사항들을 덧붙이는 것이다. 이것을 마음의 눈으로 느낀다고 한다. 시간을 내서 다음의 것들을 영상화해 보라. 상상력을 발휘해 보고 만지고 듣고 맛보고 냄새를 맡아 보라. 단순한 이미지부터 시작해 좀 더 복잡한 것으로 점점 올라가라.

- 어릴 때 쓰던 방

- 친숙한 얼굴

- 질주하는 말

- 장미꽃 봉오리

- 백열전구

- 부드러운 털의 감촉

- 선생님의 목소리

- 가려움

- 깡통 차기

- 감자 칩

- 치약

- 땀이 남

- 배고픔

- 머리 감기

- 기침

- 종이에 원 그리기

- 잔잔한 연못에 돌이 하나 떨어져 가운데서부터 가장자리로 퍼져 나가는 잔물결

- 파란 하늘로 높이 날아올라 마침내 사라지는 단어들

- 천천히 분해되어 우주로 사라지는 당신의 신발 한 짝

- 다섯 조각으로 잘라 낸 오렌지 조각 중 하나는 당신의 입에 넣고,

나머지는 노란 접시에 잘 담기

또 한 가지 좋은 연습 방법이 있다. 물건을 하나 선택해 약 30초간 응시한 다음 두 눈을 감고서 마음의 스크린에 비춰 보는 것이다. 좀 더 큰 물건을 또는 좀 더 작은 물건을 가지고서 이런 식으로 더 해 본다. 느낌이 어떤가?

단순한 이미지들이 익숙해지면, 당신이 창조하고 싶은 좀 더 복잡한 것들로 영상화를 해 보라. 이것은 조각가가 어떤 상을 조각하기 전에 먼저 '최종 결과물'을 그려 보는 것과 다르지 않다. 최종 결과물이 나오기 전에 먼저 명확하게 봐야 한다.

영상화는 당신이 바라는 것이 물질적 형태로 나오도록 하는 데 필요한 정신적 거푸집을 창조하는 열쇠다. 당신은 무한한 근원과 공급을 다루고 있다는 사실을 명심하라. 당신이 지금 가지고 있거나 만들어 낼 수 있는 것만 영상화하며 자신을 과소평가하지 마라. 원하는 것이 무엇인지 구체적이고 명확하게 하라. 아직 확실하지 않다면 시간을 갖고 곰곰이 생각하라.

매우 강력하며, 위대한 아이디어와 꿈을 담을 수 있는 힘들이 작용하고 있다. 주변을 살펴보라. 당신이 보는 모든 것은 누군가의 말로 시작되었다. "음, 내가 이걸 할 수 있을지, 가질 수 있을지 궁금한 걸."

당신은 할 수 있다!

근원의 힘

전 세계적으로 500만이 넘는 사람들이 날마다 행하고 있는 명상은 모든 공급과 창조의 근원에 다가가는 최고의 방법이며, 우주와 존재의 영적 본질에 이전보다 더 깊이 연결되는 힘을 느낄 수 있는 최고의 방법이다. 명상은 동양에서는 아주 오래전부터 행해 왔지만 서양에서는, 주로 마하리시 마헤시 요기Maharishi Mahesh Yogi의 추월 명상 접근법이라는 가르침을 통해, 주류가 된 지 오래 되지 않았다. 디팩 초프라Deepak Chopra 박사는 서양에서 마하리시의 가르침을 이해하는 데 큰 도움을 주었다.

뇌 연구는 명상 실천가들이 수 세기 동안 지켜온 것, 곧 정신 수련과 명상이 뇌의 작용을 바꾸고 사람들이 다른 수준의 자각과 평온에 도달하도록 한다는 사실에 대해 구체적인 증거를 제공했다.

지난 25년간 명상 기법의 효과에 관한 과학적 연구가 33개국 내 250개 대학과 연구 기관에서 1,000건 이상 진행되었다. 이런 연구들의 대부분은 선두적인 과학 저널에 게재되었는데, 명상에 대해 다음과 같은 사실들을 밝혀냈다. 즉, 명상은 다음과 같은 효과를 보인다.

· 스트레스와 불면증, 불안, 우울증을 감소시킨다.
· 창의성과 지능, 에너지, 내적 평온을 증가시킨다.
· 기억력과 학습 능력, 건강, 관계를 향상한다.

- 행복과 자존감을 높인다.
- 생물학적 나이를 젊게 한다.

이런 연구 결과와 상관없이, 명상을 통해 내가 경험한 영원함과 평온한 느낌은 가히 최고라 할 수 있다. 나는 한 시간을 명상하는데, 그 시간이 마치 3분처럼 느껴진다. 그 차원에서는 우리가 아는 시간 개념이 사라진다. 모든 것의 전능한 근원과 완전히 연결되고, 신과 하나가 됨을 느낀다. 전통적 의미의 의학적 개입 없이 스스로 치료받는 사람들은 초프라가 말하는 "공백"에 들어갈 수 있다고 앞에서 언급한 내용을 기억하라. 명상이 내가 아는 한 이 대단한 공백에 이르는 최고의 길이다. 이 공백에서 당신은 모든 것의 근원으로 곧장 들어갈 수 있다. 명상은 우리 모두를 위한 선물인 무한 지능에 접근하게끔 돕는다는 사실이 거듭 증명되었다.

대부분의 시간 동안 당신은 근원과 분리되어 있다고 느낄 수도 있다. 왜냐하면 당신은 다른 모든 것과 당신을 분리하는 듯 여겨지는 몸을 갖고 있다는 착각에 붙들려 있기 때문이다. 마치 피부가 당신을 세상의 다른 것들과 분리하는 불침투성의 벽과 같다고 느끼는 것이다. 그것은 진실이 아니다. 당신은 대양의 파도와 같다. 수면에서 위로 8피트 올라갈 수 있을지 몰라도 여전히 전체 대양의 일부이다. 당신을 착각하게 만드는 것은 당신의 분리 인식이다. 우주 안의 만물은 다른 모든 것과 연결되어 있다. 명상할 때 당신은 몸 안의 분자와 원자 각각의 진동을 완전히 바꾼다. 명상을 통해 당신은, 일상에서는 하기 어려운, 우주의 차원을 경험하게 된다. 이것은 마치 당신이 우주와 하나가 되는 것과 같다. 몇 번 연습해 보면 분명 당신도 알게 될 것이다.

외부의 물질세계를 항해할 때 사용하는 신체 감각으로는 그것을 느끼지 못한다. '내면의 정신적' 감각으로 당신의 '내면' 세계를 항해해야 한다.

서양에서도 사람들이 마침내 동양의 방법들을 이해하고 있다. 그러나 명상을 해 보지 않은 사람들 가운데 어떤 사람들에게는 명상과 관련된 모든 것이 이상하게 들릴 수 있다. 그리고 사람들 대부분은 자신에게 익숙하지 않은 것들은 묵살하는 경향이 있다.

"모든 것에 마음을 열되 어떤 것에도 매이지 마라."고 작가이자 인간 잠재력 전문가인 웨인 다이어Wayne Dyer는 말했다. 만일 당신이 명상을 해 본 적이 없다면 그것이 제공하는 다양한 가능성에 마음을 열고 시도해 보라.

평온한 시간을 창조하라

앞에서 당신은, 보통 사람은 1분에 일곱 번에서 열 번 초점을 잃는다는 사실을 알게 되었다. 당신이 외부 환경에 주의를 돌리지 않고 원하는 것에 집중하며 죽 그 상태를 유지하기 위해서는 정신적으로 꿋꿋해야 한다.

내적 정신에 집중하는 능력이 있다면 외부 세계에서 어떤 일이 벌어지든 실제로 문제가 되지 않는다. 당신의 행동과 생각을 외부 환경에 지배당하지 않고 과제를 완수할 수 있다. 명상에서 정신적 의연함을 개발하는 열쇠를 찾을 수 있다.

명상을 통해 현재 상황을 주시하고 초월할 수 있다. 당신이 원하는 모든 것을 끌어당기고 성취할 수 있게 하는 우주의 법칙과, 새로 발견한 당신의 뇌의 능력을 활용해서 말이다. 명상은 당신을 모든 공급의 근원에 연결한다.

마음을 조용히 하고 어느 것에도 평온을 방해받지 않으면 곧 고요가 찾아온다. 고요한 바다에 떨어져 있고, 내면에서부터 모든 진실이 멈춘 듯해진다.

통제하고 스트레스를 주는 성급하고 바쁜 일상과 정반대의 장소가 된다. 명상을 하면 고요와 사랑, 평온의 장소에 있게 된다. 시간이 더는 대수롭지 않고 진실이 임박해진다.

이전에 명상을 해 본 적이 없다면 5분부터 시작해 보라. 아침에 일어나서 먼저 5분을, 그리고 저녁에 잠자리에 들기 전에 5분을 명상해 보라.

명상하는 데 특별한 주문, 곧 만트라를 배울 필요가 없다는 사실에 놀랄지도 모르겠다. 명상에는 특별한 방법을 적용할 필요가 없다, 실제로 나는 그저 호흡에만 주의하는, 말 그대로, 규율 없는 명상으로 시작해 볼 것을 제안한다. 조용한 방에 편안히 앉아 눈을 감아라. 당신의 호흡만 의식하며 깊고 천천히 숨을 쉬어라. 계속 입은 다문 채 코로 숨을 들이

쉬고 내쉬어라. 배가 팽창되는 것을 느끼며 횡격막까지 깊이 숨을 들이마시라. 그런 다음 천천히 공기를 내뱉어라. 이렇게 계속 숨을 쉬면서 호흡에 집중하라. 호흡하면서 생각은 하지 마라. 생각이 들어와도 힘들어하지 마라. 그저 그 생각을 감지만 하고 지나가게 한 다음, 다시 호흡에 집중하라. 잡생각이 들어올 때 이런 식으로 마음을 제어하면, 잡생각을 떨치고 당신의 과제에 계속 집중할 수 있다.

첫 시도 때는 아무리 해 봐야 30초 정도 지속할 수 있지만 상쾌하고 초롱초롱해진 기분이 들 것이다. 30초간 생각 없이 있을 수 있다면 10초를 더 시도해 보라. 다음에는 명상 시간을 더 늘려서, 점점 더 길게 하라. 일주일 뒤에는 5분이 몇 초로 느껴질 것이다. 명상 시간을 하루에 10분, 15분, 30분으로 점차 늘려 마음을 다스리고 생각을 관리하는 데 집중하는 연습을 하라.

명상의 목적은 집중하고, 모든 공급의 근원에 접속하며, 마음의 잡생각을 가라앉히고, 자신에게 필요한 여유를 주는 것이다. 명상은 당신의 진동을 가라앉혀 창조와 무한 지능의 주파수에 맞추는 것이다. 당신이 삶에서 원하는 모든 것이 그 주파수에서 나온다.

자신을 이해하고, 자신이 정말로 누구이며 무엇인지를 자각할 수 있는 더 좋은 방법을 배워야 한다. 무한 지능과 앎의 지점에서부터 모든 것이 창조되고, 모든 것이 가능하다. 모든 해답이 그곳에 있다.

3장 돈을 벌기 위한 다섯 가지 선택지

1년 동안 번영하고 싶다면 씨를 키워라. 10년 동안 번영하고 싶다면 나무를 키워라. 사는 동안 평생 번영하고 싶다면 자존감을 키워라.

— 중국 속담

돈이란 정말로 무엇이고, 돈을 버는 법칙은 무엇일까? 이것은 내가 좋아하는 주제 중 하나다. 왜냐하면 돈은 당신이 몇 가지만 바르게 하면 획득하기 쉽고, 몇 가지를 잘못하면 당신에게서 영원히 빠져나갈 것이기 때문이다.

돈이라는 것이 존재하기 전 옛날에는 사람들이 거래할 때 물물 교환을 했다. 나중에 소와 같은 가축이 거래 수단이 되었다. 그런 방식은 소규모 공동체와 문화권에서 잘 운영되었지만 사회가 커지면서 소를 비롯한 가축을 데리고 먼 거리를 이동하기가 불편해졌다. 그래서 금속을 제련해 주화를 만들기 시작했다.

주화는 휴대하기가 쉬웠고, 내구성이 뛰어났다. 초기의 주화 가운데 는 소의 머리가 그려진 것들이 있었다. 사실 자본을 뜻하는 영어 단어 'capital'은 '머리'라는 뜻의 라틴어 'caput'에서 왔다. 재산이 증가하자 주화는 비효율적이고, 말이나 마차에 싣기가 너무 무거워져서 종이 화폐가 추가되었다. 얼마 지나지 않아, 현장에서 큰 액수의 돈을 대신하는 신용장도 등장했다. 점점 더 많은 사람이 여행하게 되자 현금보다 가볍고 더욱 안전하다는 장점을 지닌 신용 카드가 사용되기 시작했다. 가장 최근에는 인터넷을 통한 전자 은행거래가 놀랍게 발전해, 컴퓨터 자판 한 번만 누르면 전 세계로 엄청난 액수의 돈이 이동한다.

그러면 돈이란 정확히 무엇인가? 돈은 하나의 아이디어고, 아이디어는 전자기 에너지에 지나지 않는다. 지금쯤은 당신도 이해하고 있을, 끌어당김의 법칙을 알면 돈을 끌어당기는 법칙도 알 수 있다.

돈을 벌기 위한 선택지

돈을 버는 것과 관련해 다섯 가지 선택지가 있다.

1. 당첨된다. 한 해에 2억 5천만 명의 사람 중에 약 25명이 복권에 당 첨된다. 나는 당신의 재정을 복권 당첨 번호에 걸라고 추천하지 않 는다. 통계에 의하면 복권에 당첨된 사람 중 85퍼센트가 얼마 안

가 그 돈을 다 잃는다.

2. 훔친다. 당연히 그 대가는 매우 비싸다. 잡히면 결국 감옥에 갈 것이기 때문이고, 잡힐 확률도 매우 높다. 따라서 돈을 훔치는 것은 좋은 선택지가 아니다.

3. 우연히 발견한다. 기꺼이 단언하는데 돈을 우연히 발견할 가능성은 복권에 당첨될 가능성과 같다.

4. 상속받는다. 당신의 가족에 대해서는 잘 모르겠지만, 나의 가족의 경우 이 선택지는 기대할 만하지 못하다.

당신에게도 마찬가지일 거라고 생각하는데, 내게 남은 유일한 선택지는 돈을 버는 것이다. 그 말은 돈을 버는 법칙들을 이해하는 일이 정말로 중요하다는 뜻이다.

자신의 가치 평가하기

자신에게 물어야 할 첫 번째 질문은 다음과 같다. "내가 돈을 많이 벌만한 자격이 있다고 생각하는가?" 정직하게 말해, 내가 아는 돈을 엄청나게 많이 번 사람들은 조금의 의심도 없이 자신이 그만한 자격이 있다고 믿는다.

만일 당신이 돈을 벌 만한 자격이 자신에게 없다고 생각한다면, 먼저 당신의 '자격 수준'을 높이고 '변명 수준'은 낮춰야 한다. 내가 말하는

'변명 수준'이란 당신이 돈을 벌지 못하고 갖지 못한 이유에 대한 모든 평계를 의미한다. 충분히 영리하고 잘하지 못한다거나 충분히 모른다고 투덜대기를 그만두고, 자신의 가치를 보아야 할 때다. 당신이 자기 자신을 가치 있게 여기지 않는다면, 돈은 절대로 당신에게 끌려오지 않는다. 당신은 빠르게 돈을 물리치는 셈이고, 다른 사람들도 당신을 가치 있게 여기지 않는다.

나의 회사에서는 공짜로 제공하는 게 별로 없다. 공짜는 식객만 끌어당긴다고 생각하기 때문이다. 내가 나의 분야에서 전문가가 되기 위해 들인 그 많은 노력과 시간을 내가 소중히 여기지 않는다면 다른 사람들이 어떻게 그것을 가치 있게 보겠는가? 내가 그 수준으로 진동시키지 않는다면, 나의 고객이 무엇 하러 그렇게 하겠는가?

나는 지난 25년간 나 자신이 배우는 데 사비로 50만 달러 이상을 투자했다. 돈을 벌고 지키는 법과 우주의 법칙들, 뇌를 비롯해 많은 것을 배우기 위해 자문을 받고 책을 읽고 전 세계를 다녔다. 나는 탁월해지기 위해서 지나치다고 할 만큼의 돈을 썼기 때문에, 나의 시간에 많은 가치를 부여한다. 즉, 시간당 1,500달러의 가치를 매긴다. 어떤 사람들은 터무니없다고 말할지 모른다. 그러면 나는 "나는 그 이상의 가치를 만듭니다."라고 말한다. 나는 한 시간 강연으로 5만에서 15만 달러 이상을 벌고 있으므로, 확실히 내 시간은 그만한 가치가 있다고 믿는다.

우주에서 돈은 일종의 '종 인식^{종류 인식}'이라는 것을 갖는다. 이 용어는 당신의 정보와 생산물, 서비스의 가치를 인정하는 사람들이 그만한 재산이 있을 경우 그에 맞게 큰돈을 지불한다는 것을 뜻한다.

재정적 페르소나

우리는 각기 페르소나를 갖고 있다. 페르소나는 '가면'을 뜻하는 그리스어 단어에서 왔다. 우리는 돈의 얼굴 또는 게임의 얼굴 같은 온갖 종류의 다양한 가면을 쓴다. 더 많은 돈을 끌어당기기 위해서 당신은 재정적 페르소나를 즉시 바꿔야 한다. 당신이 원하는 소득을 이미 얻고 있는 사람들처럼 생각하고 행동하며 처신해야 한다.

도널드 트럼프Donald Trump를 생각해 보라. 한 가지 관점에서, 즉 폐허에서 성공을 이뤄 낸 탁월함의 관점에서 그처럼 나의 관심을 끄는 사람은 없다. 트럼프는 9억 달러의 빚을 졌는데 마치 아무 문제가 없는 것처럼 게임의 얼굴을 유지했다. 분명 그는 채권자들의 격분한 전화와 방문을 받았을 테지만 억만장자의 페르소나를 계속 유지했다. 그 주변의 세계가 무너지는 동안에도 얼굴의 가면을 계속 지켰다. 정확한 사실을 모르는 사람들에게 그의 가면은 오만한 분위기와 확신을 만들어 내, 사람들은 그와 함께 사업을 하고 싶어 했다.

당신의 재정적 페르소나를 바꾸는 최선의 방법 중 하나는 지금 당장은 거짓일지 모르지만 확신하고 있는 어떤 것을 믿는 일이다. 당신은 새로운 페르소나를 비의식적 마음에 새기면 그 페르소나가 강력해지고 비상한다는 내용을 앞에서 배웠다. 외부 세계가 내면의 이미지와 일치하게 될 것이다.

더 많은 돈을 끌어당기고 벌기 위한 공식 몇 가지가 있다.

1. 자존감 페르소나 진동을 즉시 조화롭게 하라.
2. 당신의 새 자존감 진동을 통해 자격 수준을 높여라.
3. 재정적 페르소나를 즉시 바꿔라. 당신이 원하는 소득을 이미 올리고 있는 사람처럼 걷고 말하고 행동하라.

처음에는 어색하게 느껴질 것이다. 약 25년 전에 나는 토미 홉킨스 Tommy Hopkins라는 강사가 다음과 같이 하는 말을 들었다. "그것을 달성할 때까지 그렇게 된 척하라." 나는 뇌를 공부하기 전에는 그 말의 의미를 제대로 이해하지 못했다. 홉킨스의 말은 당신의 잠재의식은 차이를 모르므로 당신이 충분히 오래 그렇게 된 척하면 결국 그렇게 된다는 뜻이었다.

아마 당신 안에서 어느 정도 저항감이 들 수도 있다. 머릿속에서 작은 목소리가 반박할 것이다. "하지만 너는 백만장자가 아니야. 그만한 돈을 벌지 못하잖아. 왜 계속 그렇게 말하는 거야? 왜 그런 식으로 처신하는 거야?"

나는 당신에게 단지 그런 식으로 행동하고 '돈을 낭비하라'고 제안하는 게 아니다. 다만 영화배우 짐 케리나 바브라 스트라이샌드가 했고 나역시도 했던 것을 해 보라고 권하는 것이다. 3년 전에 나는 새 회사에서 나의 가치가 1억 달러가 되기를 원해, 나 스스로 그 액수를 적은 수표를 주머니에 넣고 다녔다. 주머니에 손을 넣을 때마다 나의 뇌에 전기 메시지를 보냈다. 그리고 나의 페르소나와 내가 투자하는 시간, 행동하는 방식, 조사하고 연구하는 방식 모두를 그것에 맞추고 일치시켰다.

시장에서 당신이 더 많은 돈을 벌기에 걸맞은 진동과 걸맞은 페르소나, 걸맞은 신념을 갖게 되면, 그리고 당신은 상속을 받거나 우연히 발견하거나 훔치거나 복권에 당첨되지 않을 것을 이해한다면, 의문이 생길 것이다. 과연 돈을 버는 법칙이란 무엇일까? 법칙이 있어야 한다. 만일 다른 사람들도 모두 돈을 번다면 어떻게 당신이 더 많은 돈을 버는 것과 자신을 조화시키고, 필요한 기술을 개발하겠는가?

돈 버는 법칙

당신은 앞에서 돈은 하나의 아이디어라는 사실을 배웠다. 이제 그 개념에서 한발 더 나아가 당연한 결론을 덧붙이겠다. 당신은 시장에 내놓는 서비스와 가치에 직접 비례해 돈을 받는다. 당신이 더 많은 서비스와 가치를 더 많은 사람에게 줄 수 있는 방법을 알아낸다면, 사람들은 돈이라 불리는 초록색의 작은 종이를 당신과 교환할 것이다.

더 많은 돈을 벌려면 다음의 세 가지를 자문해 봐야 한다.

1. 당신의 상품 또는 서비스가 시장에 필요한가? 당신에게 생각할 거리로 두 가지 상품, 훌라후프와 애완 돌을 제시하겠다. 당신이 기

165

억 못할 경우에 대비해 설명하자면, 홀라후프는 허리에 두른 다음 엉덩이를 조금 움직여 빙빙 돌리는 기구다. 애완 돌은 말 그대로 돌인데, 상자에 멋지게 담아 훌륭하게 광고해 수백만 개가 팔렸다. 홀라후프나 애완 돌에 필요가 있었을까? 물론 없었다. 그러나 당신의 상품이나 서비스에 필요가 있다면 질문 2로 이동하라.

2. 당신의 상품 또는 서비스는 얼마나 좋고, 얼마나 독특한가? 당신과 동일하거나 비슷한 상품 또는 서비스를 제공하는 다른 사람들과 비교했을 때 당신의 것은 품질 면에서 얼마나 좋고, 얼마나 독특한가? 만일 절대적으로 독특하고 희귀하며 고품질이라면 가치는 올라간다. 그래서 유능한 뇌 전문 외과 의사처럼 전문적 서비스를 제공하는 사람은 큰돈을 요구할 수 있는 것이다. 그런 기술을 가졌고 또 그 기술에 매우 능한 사람이 별로 없기 때문이다.

3. 당신은 상품 또는 서비스를 광고하고 파는 능력이 얼마나 좋은가? 당신의 상품 또는 서비스를 지역, 국가, 전 세계에 홍보하고 팔아서 수익을 창출하는 능력은 이 문제에서 가장 중대한 부분이다. 더 많은 돈을 벌려면 당신은 홍보와 판매의 대가가 되든 아니면 팀내에 그런 사람을 둬야 한다.

만일 보통 수준의 상품이나 서비스에 보통 수준의 홍보 판매 기술을 갖고 있다면 당신은 보통 수준으로 또는 보통 이하로 수익을 올릴 것이다. 당신의 경쟁자 중 95퍼센트가 역시 보통 수준일 것이기 때문이다.

그 보통 수준의 집단이 그 범주 내의 상품 또는 서비스를 통한 전체 수익의 15에서 20퍼센트를 나눠 가질 것이다. 경쟁자의 나머지 5퍼센트, 곧 돈을 버는 법칙을 아는 사람들이 나머지 수익 전부를 긁어갈 것이다.

특별히 언급하는데, 당신이 꼭 회사의 홍보 또는 판매 전문가가 될 필요는 없지만 주변에 그런 전문 기술을 지닌 사람들로 팀을 구성해 둬야 한다.

4장 운에 맡기는 태도는 무책임하다고?

> 너무 많은 신과 너무 많은 교리가 있고 너무 많은 길이 구불구불 나 있다.
> 단지 친절이라는 기술만이 이 슬픈 세상에 필요한 전부인데 말이다.
>
> — 엘라 휠러 윌콕스Ella Wheeler Wilcox

열일곱 살의 한 청년은 많은 것을 기대했다. 재능 있는 농구 선수였고 미국 대학 체육 협회NCAA에서 활동하며 착착 전진했다. 자신의 미래를 전부 계획했다. 전액 장학금을 받고 대학에 진학해 최고 운동선수가 되고, 모든 게 계획대로 진행되면 프로 농구 선수로 뛸 것이었다. 어쨌든 스카우트 담당자가 그에게 전부 가질 수 있다고 말했다.

어느 일요일 오후, 청년은 친구가 마치 인디애나폴리스 500 자동차 경주로에서처럼 신나게 모는 자동차를 같이 타고 가고 있었다. 쇼핑센터 주차장 부근을 달리는데 갑자기, 친구가 자동차를 제어하지 못했다.

차는 한두 번 공중제비를 넘은 다음 15피트 아래 배수로로 떨어졌다. 청년에게는 슬로 모션처럼 느껴졌지만 그 모든 일은 순식간에 일어났다.

다치지 않은 운전자는 뒷창문으로 빠져나와, 명백히 다쳐 의식을 거의 잃은 친구를 돌아봤다. 친구는 운전자보다 몸집이 훨씬 커서 작은 창을 통해 빼내기가 어려웠을 것이다. 어쨌든 운전자는 친구를 차에서 빼냈다.

현장에 도착한 부모들은 두 청년 모두 죽었을 것이라 생각했다. 자동차는 완전히 부서졌다. 그러나 청년들은 쇼핑몰에서 발견되었다. 피를 흘리며 헤매다가 벤치에 앉아 도움을 기다리고 있었다. 경찰이, 이어서 의사가 도착했다. 운전했던 청년은 경상을 입었지만 옆에 탔던 청년은 병원으로 이송되었다. 정밀 검사 결과 청년은 갈비뼈와 쇄골, 다섯 번째 발허리뼈가 골절됐고, 허리에 부상을 입었으며, 왼쪽 다리의 신경과 근육이 손상되었다.

청년은 등 수술 일정이 잡히고 최소 두 달은 누워 있어야 했다. 그다음에 천천히, 다시 걷는 법을 배워야 했다. 한 번에 한두 걸음 이상을 걷게 되기까지 오랜 시간이 걸렸다. 당분간은 다시 농구를 하지 못할 것이었다.

장학금을 탈 가능성은 사라졌다. 마치 단 몇 시간 전 끼익 소리를 냈던 타이어가 모든 것을 싹 지워 버린 듯했다. 6년간의 강도 높은 훈련의 결실을 보지 못했다.

그렇다면 그 청년의 삶은 끝났을까? 그는 그렇게 느꼈을 수도 있었다. 그러나 차가 뒤집힐 때 그는 평온함을 느꼈다. 다행히도 그는 믿음 안에 감싸였다.

그는 그때 처음으로 자신을 돌봐주는 신을 전적으로 신뢰했다. 모든 것이 잘 풀리리라는 믿음을 갖기로 했다. 결코 뒤돌아보지 않았다. 자신을 생각하지 않았고, 단지 소망했다.

그는 낙담하지 않았다. 나는 어떻게 그것을 확신할 수 있을까? 왜냐하면 그 청년이 바로 나였기 때문이다. 이것이 나의 명백한 첫 신앙 교훈으로, 그때 이후 결코 버리지 않은 나의 사고방식을 굳혔다. 또한 나는 시간의 속성이 환상에 불과하다는 것을 처음으로 직접 경험했다. 차가 뒤집힐 때, 나는 뒤집히는 차와 나무들, 배수로, 공포에 질린 친구의 얼굴을 볼 수 있을 정도로 모든 것의 속도가 늦춰졌다. 그 모든 일이 몇 초 만에 발생했음에도 내게는 마치 슬로 모션 장면 같았다. 그로 인해 나는 몸의 감각과, 무엇이 실제이고 무엇이 인식되는 것인지에 대한 진지한 호기심이 생겼다.

운에 맡기고 해 보다

내가 모험을 좋아하는 사람이라는 것을 당신은 이미 알아챘을 것이다. 기꺼이 위험을 무릅쓰는 담대함은 나의 믿음에서 나온다. 물론 나는 행동에 옮기기에 앞서 신중을 기해야 한다고 생각한다. 나는 어떤 것이 할 만한 가치가 있다고 느끼면 잠재적 위험을 없애기 위해 내가 할 수 있는 모든 일을 한 다음, 앞으로 돌진한다. 그런 행동 뒤에는 무슨 일이 생기든 문제가 되지 않고 괜찮을 거라는 믿음이 있다. 내 마음에 들지 않을 수도 있지만 언제나 모든 게 마땅히 되어야 할 대로 진행되었다.

위험을 각오하고 돈을 걸지 않으면 많은 돈을 벌 수 없다. 감정을 걸지 않으면 깊이 있고 만족감을 주는 관계를 맺을 수 없다. 운동할 때 잠재적으로 다칠 위험을 무릅쓰지 않으면 정말로 건강해질 가능성이 없다. 당신의 꿈에 미치지 못할 위험을 감수하지 않으면 결코 그 꿈에 다가갈 수 없다. 그런데 그것들이 정말로 모험일까? 아니면 단지 믿음의 행동일까?

나는 내 존재의 100퍼센트를 우주에 맡긴다. 나의 삶과 죽음을 하나님께 맡긴다. 그러므로 다른 모든 것도 왜 맡기지 못하겠는가?

만일 하루하루 죽어가는 것을 두려워하기 시작하면 당신은 살 수 없을 것이다. 실패에 초점을 맞추면 결코 성공할 수 없다. 사람과의 관계에서 상처받을 것에 고정하면 절대로 사랑받는 느낌을 느낄 수 없다. 이외에도 여러 가지가 있다. 이것은 단지 끌어당김의 법칙에 따른 것이다. 즉, 당신은 무엇이든 당신이 초점을 맞추는 것을 창조하게 된다. 이 책에서 배운 법칙들을 이해하고, 최소한 그것과 조화를 이뤄 살려고 노력하는 것이 매우 중요하다. 나는 이 법칙들을 믿는다. 이 법칙들이 사실이라고 단순히 생각하는 게 아니라 사실임을 안다. 그 사실성을 입증하는 실례들을 끝도 없이 제시할 수 있다. 그러나 내 말을 믿는 것이나 거부하지 않는 것은 당신의 몫이다. 당신 스스로 시험해 보라. 이 책은 당신이 여러 가지를 검토하고 스스로 선택하며 상상력을 발휘하게끔 격려할 목적으로 계획되었다! 이것이 실제라면 어떻게 하겠는가? 이것이 사실이라면? 이 얘기를 해준 사람이 실제로 조사하고 실제로 해 봤는데, 정말로 그대로 작동한다면? 아마 나에게도 작동할 것이다.

나와 함께 이 믿음의 도약을 하기를 강력히 권한다.

알맞은 자리를 믿어라

믿음이 있다는 것은 아직 증거를 보지 못한 채로 믿는 것을 의미한다. 당신이 가질 수 있는 가장 중요한 믿음은, 당신의 근원을 뭐라 부르든 상관없이, 당신의 창조자, 보편 지능, 신에 대한 것이다.

모든 일이 마땅한 대로 이루어지고 계속 그렇게 될 것을 완전히 신뢰하는 것이, 궁극적 신념이자 신에 대한 믿음이다. 매우 분명한 이유에서 인간에게는 선택하는 능력이 주어졌다. 당신의 선택이 당신의 결과를 결정한다. 지구상의 다른 모든 창조물은 매우 제한적이고 미리 결정된 장소에 배치되어 있다. 그에 반해 당신은 자신에게 주어진 능력으로 자신의 운명을 함께 창조할 역량을 가진다.

꿈꾸는 삶을 성취하려면 먼저, 자기 자신과 신에 대한 전적이고 명백한 믿음을 가져야 한다. 당신이 잘될 때 믿음을 가져야 할 뿐만 아니라 낙심하고 어려움을 당할 때 특히 더 믿음이 필요하다.

논리적인 증거는 믿음을 낳지 못한다. 믿음은 '알고 있는' 영혼 안의 고요한 공간에서 나온다. 바로 그 공간이 위대함과 더욱 충만한 표현과 이해에 대해서 말해 준다. 믿음은 주위를 둘러보고, 진정으로 보며, 들을 때 나온다. 어린아이의 순수함과 사랑, 아름다움을 볼 때 나온다. 사랑에서, 그리고 사랑하는 것에서 나온다. 당신이 사는 동안 언제나 이와 같은 복을 받기를 바란다. 그것이 '모두 가지는 것'의 본질이므로.

사람이 만일 꿈에서 천국을 지나간다면
그리고 그 보증으로 꽃 한 송이를 받는다면
그의 영혼은 실제로 그곳에 있었다.
그런데 그가 잠이 깼을 때
그 꽃이 손에 쥐어져 있다면…
그럼, 그다음은 어떻게 되는 건가?

— 사무엘 테일러 콜리지Samuel Taylor Coleridg

부록

인생 설계
매트릭스

1장 나도 몰랐던 나의 꿈

나는 교사가 아니다. 단지 당신이 길을 물어볼 수 있는 동료 여행자일 뿐이다. 나는 앞을 가리켰다. 나와 당신의 앞을.

— 조지 버나드 쇼George Bernard Shaw

이 장을 읽고 적용할 때 이전처럼, 그리고 이전보다 더 솔직하게 마음을 열기를 부탁한다. 과거의 생각과 신념, 결정이 당신을 어디로 이끌었는지를 면밀히 살펴볼 것이다. 당신의 현재 삶은 백 퍼센트 당신의 처신에 따른 것임을 이해하는 게 대단히 중요하다. 현재 상황이 어떻든 지금 당신의 위치에 있기로 당신이 결정한 것이다. 당신은 성인으로서 당신의 삶의 결과에 전적으로 책임이 있음을 반드시 인정해야 한다. 부모나 친구, 남편, 아내, 교사, 이성 친구 또는 누가 무엇을 하고 말했든, 당신은 어떻게 반응할지 또는 행동할지 언제나 선택했다. 교사나 부모, 또는 다른 누구에게서 배운 신념들이 더는 당신이 원하거나 필요하지 않은 것이라면, 그것들을 바꾸는 것은 전적으로 당신의 책임이다.

남은 한두 장에서 당신은 내가 '인생 설계 매트릭스'라 이름 붙인 체계에 대해 배울 것이다. 모든 요소를 조합하면, 결국에는 전부 다 가지기 위한 상세하고 세심하게 계획된 체계를 얻게 될 것이다. 그것은 당신이 원하는 인생의 간결한 개요이고 매일의 행동 계획으로, 주의해야 할 두 가지 신념과 두 가지 목표를 포함한다. 다음의 사항들을 포함한 면밀한 평가와 미래를 그리는 과정에서 추출될 것이다.

- 당신의 기량과 강점, 인지한 약점 목록
- 당신의 현재 성과를 가늠하고 그것을 만들어 내는 신념들을 알아 낼 수 있는 정신 건강과 신체 건강, 영성, 관계, 재정, 직업과 사업 에 대해 평가하기. 그리고 당신이 원하는 곳으로 가게 할 새로운 신념들을 말로 표현하기
- 건강과 가정, 중요한 한 사람, 친구, 직업과 사업, 영성, 재정 영역 에 대한 당신의 비전
- 내년 목표와 향후 90일 내의 강렬한 목표들

물론 이 목록은 반 시간 또는 단 며칠 만에 완성할 수 있는 것이 아니다. 내가 지칭하는 '진북' 훈련 첫 부분을 끝내는 데 일주일이 걸리고, 목표들을 마무리하는 데 몇 주가 더 걸릴 수 있다. 그러나 '마무리하다'라

는 용어에 오해의 소지가 있을 수 있다. 목표 설정을 정말로 완성하지는 못한다. 어쨌든 인생은 목록의 항목 하나하나를 체크해 나가는 게 아니라, 배우고 성장하며 가능성을 계속해서 확장해 나가는 것이다.

인생 설계 매트릭스를 이용해 새로운 결심을 하면 당신의 인생 행로가 영원히 바뀔 것이다. 단 1도만 바꾸어도 세월을 거치면서 완전히 다른 곳에 도달하게 된다. 가령 로스앤젤레스에서 파리로 가는 비행기 조종사가 항로를 1도 수정하는 것을 상상해 보라. 그 비행기는 결국 모로코에 도착한다! 당신의 인생에서도 이것은 사실이다. 당신은 앞으로 이어질 장에서 새로운 종착지를 선택할 것이다. 그러나 우선은 당신의 현재 성과와 그런 성과를 야기한 신념에 몰두하자.

그것은 진지한 반성으로 시작된다. 만일 당신의 삶을 평가하는 게 바보 같거나 시간 낭비라는 생각이 들어 하고 싶지 않은 유혹이 든다면, 그것은 어떤 한 신념과 정면충돌하기 때문이다. 그렇다면 잠시만 그 신념을 한쪽으로 치워 두길 바란다. 이 책을 다 읽은 뒤 언제든 그 신념을 다시 취할 수 있으니까. 당신이 그렇게 하기를 원할지는 모르겠지만 말이다. 가장 중요한 핵심은, 당신이 꿈꾸는 삶을 창조하기 위해 배운 모든 것을 실행에 옮기는 것이다.

먼저 당신 자신에 대한 인식과 신념의 목록을 만들고, 오늘날 당신의 삶이 위치한 곳에서 당신의 기량과 강점, 약점을 상세히 작성할 것이다. 브레인스토밍으로 머릿속에 떠오르는 뭐든지 적어라. 다만 '모든 것'을 적어야 한다고 너무 걱정하지 말고 다음 목록으로 넘어가라. 이 작업을 하느라 머리를 너무 혹사하지 마라. 정말이지 쉽게 해야 한다. 머리가 꽉 막힌 듯 느껴지면 목록 작성을 잠시 내려놓은 뒤, 생각이 떠오를 때 다시 하라. 목록 완성을 하는 데 제한 시간은 없다.

이 과정에서 낙담해서는 안 된다. 이 과정은 당신이 삶의 결과를 어떻게 만들어 내는지 깨닫고 열린 마음으로 이해하도록 하기 위함이다. 이 연습을 통해 당신에게 개선이 필요한 영역을 보고 동기부여를 받되, 자기 연민과 후회의 수렁에 빠지지 말기를 부탁한다. 앞을 내다보라!

현재 성적을 평가하라

다음 페이지에 제시된 평가지에, 현재 당신의 정신적, 신체적 건강, 관계, 영성, 재정, 직업과 사업 영역에 대해 간단한 평가를 적을 것이다.

신체적 건강을 묘사하는 예를 들면 다음과 같다. "나의 몸은 체중이 정상 체중에서 10파운드약 5킬로그램 - 옮긴이 초과이고, 최고로 좋은 음식을 선택하지는 않았다. 6개월 동안 꾸준히 운동하지 않았다. 체지방은 70퍼센트다." 이것을 적은 사람은 자신의 건강 성적에 대해 어떻게 여기는지를 생각해 보라. 10파운드 과체중에 70퍼센트의 체지방율을 괜찮다고 생각할까? 그런 신념이 적절할까 아니면 적절하지 못할까?

다시 말하지만, 둘 다 아니다. 중요한 것은 그것이 원하는 결과인지 아닌지다. 원하는 결과가 아니라면, 이 사람은 결과가 바뀔 수 있도록 신념을 바꾸는 작업이 필요하다. 외적인 모습 또는 결과는 언제나 내적 신념과 생각을 반영한다.

당신이 기록한 결과가 무엇이든 잠재의식적 수준에서 원인이 있음을 깨달아라. 일례로 당신은 자신에게 이렇게 말해 본 적이 있는가? "이 케이크 또는 쿠키를 먹으면 안 돼 또는 이것 또는 저것을 하면 안 돼." 그러고는 그 일을 한 적이 있는가? 우리 모두 그런 경험이 있다. 이게 바로 잠재의식의 힘이다. 잠재의식은 당신이 잠재의식으로 자신을 보는 정확히 그 몸무게를 유지하게 만든다.

신념을 바꾸라. 그러면 생각이 자동적으로 바뀐다. 생각을 바꾸면 행동이 바뀐다. 행동이 바뀌면 결과가 바뀐다. 따라서 당신이 개인적으로 원하는 결과를 얻으려면 신념을 원하는 결과와 보조를 맞추게 하라.

평가지를 계속 작성하고, 당신의 '진북'을 찾아라. 이 책의 평가지에 바로 쓰거나 복사해서 써도 된다. 이런 방법으로 평가지를 완성해서, 이 책을 다 읽은 다음뿐만 아니라 훨씬 나중 미래에도 참고할 수 있기를 권한다. 나는 10년 이상 된 이런 평가지와 같은 기록을 간직하고 있다. 그것들은 내가 들여다볼 때마다 운명을 바꾸는 마음의 놀라운 힘을 증명해 준다. 우리는 선택한다면 많은 것을 성취할 수 있다!

각각의 평가를 마칠 때마다, 현재 당신의 삶의 그 영역에서 어떤 신념들을 갖고 있는지 확실하게 적어라. 그 신념들은 당신의 결과로 분명해질 것이다. 당신의 현재 결과는 부정할 수 없다. 그 자체로 명백하기 때문이다.

거듭 말하지만 당신의 현재 성과에 너무 집착하지 않는 게 정말로 중요하다. 단지 결과를 적고, 그다음에 이동하라. 지금 결과에 너무 초점을 맞추면 오로지 전과 같은 신념을 강화하고 재창조하게 될 뿐이다. 이 연습의 유일한 목적은 당신이 지금까지 무엇을 생각하고 믿어 왔는지를 이해하는 것이다.

앞으로 제시할 평가지 형식에는 당신이 채워야 할 공간으로 각기 스무 개가 주어진다. 임의로 정한 숫자다. 당신은 스무 가지 목록을 다 채울 필요도, 숫자에 제한을 받을 필요도 없다. 그리고 이 책에 나온 평가지 형식은 모두 www.JohnAssaraf.com에서도 이용할 수 있다. 홈페이지에서는 소식지를 무료로 받을 수도 있다. 당신이 행로를 벗어나지 않게 돕는 조언으로 활용할 수 있다.

먼저, 지금까지 살아오면서 이룬 놀라운 성과들을 전부 기록하라. 예를 들면 다음과 같다.

01. 더없이 행복한 결혼 생활을 5년간 지속함
02. 요리학교를 졸업함
03. 식당을 개업해 호평을 받음
04. 3년 연속 흑자 경영
05. 자택 구입
06. 쌍둥이 출생
07. 영어, 프랑스어, 스페인어 3개 국어 가능
08. 작년에 일주일간 멕시코 여행을 함 **5년만의 첫 휴가!**
09. 고등학교 친구와 다시 연락해 우정을 키워가고 있음
10. 3개월에 한 번씩 무료 급식소 단체에 음식과 시간 기부, 휴가 기간 큰 축제 때 봉사

당신이 살면서 행한 정당하게 축하하고 인정할 모든 것을 고려하라. 관계, 학업 또는 지적 성취, 가정의 성과, 재정적으로 획기적인 일을 비롯해 무엇이든 자랑스럽게 여기거나 명예롭게 생각하는 사건들을 적어라.

성과

01.

02.

03.

04.

05.

06.

07.

08.

09.

10.

11.

12.

13.

14.

15.

16.

17.

18.

19.

20.

이제는 당신이 삶에서 강한 영역을 한번 살펴보라. 당신의 타고난 장점과 개발된 장점은 어떤 것들이 있는가? 몇 가지 예를 들면 다음과 같다.

01. 회계 경력: 정확한 재무제표를 작성하고, 다른 사람이 작성한 재무제표를 보고 해석할 수 있다.
02. 분쟁 해결: 다른 사람들이 까다로운 분쟁을 뚫고 나가 상호 이익이 되는 해결책에 이르도록 돕는 데 능숙하다.
03. 호기심: 무엇에 관해서든 즐겨 배운다.
04. 의사소통: 여러 언어를 유창하게 말하며, 미묘한 뉘앙스도 파악한다. 보디랭귀지에도 이해력이 깊다.
05. 유머 감각: 매우 웃긴 농담을 잘한다.
06. 빠른 학습 능력: 글을 읽고 정보를 쉽게, 그리고 오래 기억한다.
07. 인터넷 지식: 사업 속도를 높이고 능률을 향상하는 인터넷 사용법을 안다.
08. 우주의 작동 방식 이해: 이제 나는 내 삶을 지배하는 대원칙과 일곱 가지 자연법칙을 안다.
09. 건강: 체격이 좋고, 활력이 넘친다.
10. 헌신:내가 꿈꾸는 삶을 창조하는 데 전적으로 헌신한다.

이제 당신 자신의 목록을 작성할 차례다. 당신은 어떤 기술과 재능을 갖고 있는가? 어떤 경험을 했는가? 어떤 자원들을 갖고 있는가?

강점

01.

02.

03.

04.

05.

06.

07.

08.

09.

10.

11.

12.

13.

14.

15.

16.

17.

18.

19.

20.

진북 – 인지한 약점

이 단계는 민감할 수 있으나, 현실을 확인하기 위해서는 대단히 중요하다. 모든 것을 다 잘하는 사람은 아무도 없고, 따라서 당신이 어느 분야에서 뛰어나고 어느 분야에서 그렇지 못한지 빨리 깨달을수록 약점을 더 잘 관리할 수 있다. 또한 이 평가지 제목을 '인지한 약점'이라고 한 것에 주목하라. 다시 말해, 당신은 여기에 당신의 약점 전부를 적지는 않을 것이다. 단지 당신이 더 나아지고 싶다고 주시한 영역에서만 적을 것이다. 예를 들면 다음과 같다.

01. 다른 사람에게는 중요하지만 내게는 중요하지 않은 것들을 잘 잊고 무심하다.

02. 끈기 있게 지속하는 훈련이 안 되어 있다. 프로젝트를 진행할 때 창조적 단계에서는 매우 흥미를 느끼지만 시행 단계에서는 꾸물거린다.

03. 의견 충돌이 있을 것 같으면 내 감정에 언제나 진실하지는 못한다.

04. 세부 사항에 꼼꼼하지 못하다.

05. 글쓰기 기술이 녹슬었다. 잘 쓰지 못하고 문법 실력도 좋지 못하다.

06. 또래의 다수에 비해 책을 많이 읽지 못했다.

07. 참을성이 없고, 때로는 어린아이처럼 '지금 당장' 원하는 것을 갖고 싶어 한다.

08. 전화로 마케팅하는 것을 싫어한다.

09. 식습관이 좋지 못하다. 건강식보다는 정크푸드와 탄산음료를 더 많이 먹는다.

10. 사업상 필요하다고 생각하면 큰 물건이라도 성급히 구매하는 경향이 있다.

진북 – 인지한 약점

01. _____
02. _____
03. _____
04. _____
05. _____
06. _____
07. _____
08. _____
09. _____
10. _____
11. _____
12. _____
13. _____
14. _____
15. _____
16. _____
17. _____
18. _____
19. _____
20. _____

진북 - 정신 건강 평가

평가지 샘플

날짜: _____

0	1	2	3	4	5	⑥	7	8	9	10

도움이 필요함   그럭저럭   괜찮다   매우 만족   훌륭함

현재 나의 정신 건강은:

나는 꽤 잘하고 있다. 한창 잘 되는 시기다. 대체로 나는 기분이 좋고, 주변 사람들에게 유쾌한 사람이다. 내 기분이 최상이지 못한 한 가지 이유는 작년에 겪은 아버지의 임종 때문이다. 그 슬픔이 지금도 지속되고 있다. 아버지가 바로 내 앞에 계시는 꿈을 반복적으로 꾼다. 꿈에서 나는 아버지를 보지만 아버지는 내 소리를 듣지도, 나를 보지도 못한다. 아버지에 대한 상실감이 내 일상에 만연해, 자녀들이 내 남편과 노는 모습을 볼 때면 기쁘면서도 슬프다. 그래서 나는 모두에게 멋질 순간에도 완전히 즐거워하지 못한다. 때때로 나는 마음이 찢어질 듯 아파서 고개를 돌려야만 하는데, 그 모습에 아이들이 혼란스러울 것 같다.

이런 결과가 나오게 만든 과거의 나의 프로그래밍 또는 신념은:

나의 아버지는 돌아가셨으므로 다시는 뵐 수 없을 것이다. 아버지께 사랑한다는 말을 다시는 할 수 없을 것이다. 나의 아이들은 너무 어릴 때 할아버지를 잃어 기억하지 못할 것이다. 그런데 나는 아이들 앞에서 지나치게 감상적이 되고 싶지 않다. 아이들은 내가 겪는 것을 이해하기에는 너무 어리기 때문이다.

정신 건강 평가

날짜: _____

0	1	2	3	4	5	6	7	8	9	10

도움이 필요함   그럭저럭   괜찮다   매우 만족   훌륭함

현재 나의 정신 건강은:

_____

_____

_____

_____

_____

_____

이런 결과가 나오게 만든 과거의 나의 프로그래밍 또는 신념은:

_____

_____

_____

_____

_____

_____

진북 - 신체 건강 평가

평가지 샘플

날짜: _____

0	1	2	3	4	5	6	7	⑧	9	10

도움이 필요함　　그럭저럭　괜찮다　　　매우 만족　　　훌륭함

현재 나의 신체 건강은:

매우 좋다. 나는 규칙적으로 운동하고 바벨을 들고 일주일에 여러 번 수영한다. 가볍게 먹고 영양제도 챙겨 먹는다. 가장 멋진 것은 30대 때보다 50대인 현재 몸매가 더 좋다는 것이다!

이런 결과가 나오게 만든 과거의 나의 프로그래밍 또는 신념은:

나는 나이와 상관없이 건강하다. 건강하게 먹고 운동하는 것을 좋아한다. 내 몸을 단련할 때 자신감을 얻고, 스스로 섹시하다고 느낀다. 점수를 더 올릴 수 있으면 좋겠지만 현재 8점인 것에 매우 만족한다.

신체 건강 평가

날짜: _____

0	1	2	3	4	5	6	7	8	9	10

도움이 필요함   그럭저럭   괜찮다   매우 만족   훌륭함

현재 나의 신체 건강은:

_____

_____

_____

_____

_____

_____

이런 결과가 나오게 만든 과거의 나의 프로그래밍 또는 신념은:

_____

_____

_____

_____

_____

_____

진북 - 영성 평가

날짜: _____

0	1	2	3	4	⑤	6	7	8	9	10
	도움이 필요함		그럭저럭		괜찮다		매우 만족		훌륭함	

현재 나의 영적인 삶은:

괜찮다. 나는 종교에 깊이 열중하지는 않지만 영적 수행의 필요성은 느낀다. 아내는 교회에 다니지만 내게 교회는 잘 안 맞는다. 교회에서는 신과 교제하기보다 사교적 기능이 더 크게 느껴진다. 그래서 나는 자연을 통해, 구체적으로 파도타기를 통해 영적 교제를 한다. '경이롭다'는 말이 그냥 나온 것 같지 않다. 파도는 내게 조직된 종교에서 얻지 못하는 영감을 준다. 그러나 서핑을 할 시간이 많지는 않다. 우리 가족이 영적으로 좀 더 연결되었으면 싶고, 내가 영적으로 좀 더 연결되었으면 좋겠다.

이런 결과가 나오게 만든 과거의 나의 프로그래밍 또는 신념은:

나는 삶에서 이 영역에 많은 시간을 투자하지 못한다. 다른 것들이 늘 더 긴급하고 중요하다.

영성 평가

날짜: _____

0	1	2	3	4	5	6	7	8	9	10

도움이 필요함　그럭저럭　괜찮다　　　매우 만족　　훌륭함

현재 나의 영적인 삶은:

_____

_____

_____

_____

_____

_____

이런 결과가 나오게 만든 과거의 나의 프로그래밍 또는 신념은:

_____

_____

_____

_____

_____

_____

평가지 샘플

날짜: _____

0	1	2	3	4	5	⑥	7	8	9	10

도움이 필요함　그럭저럭　괜찮다　　매우 만족　　훌륭함

관계에서 현재 나의 성적은: 주의: 여러 관계 각각에서 중요한 관계를 기술하라.

아이들: 서로 만나기 위해 합의하는 데 매우 서툴다. 한 번 아이들을 보러 가는 데 2시간을 운전해 가서 단 이틀 동안 같이 지낸다. 그래도 우리는 멋진 시간을 같이 보내고, 나는 부모로서 중요한 기여를 할 수 있음을 느낀다. 아이들은 내가 자신들을 얼마나 사랑하는지 알고, 나 역시 아이들이 나를 사랑한다는 것을 안다.

테리: 상황이 힘들다. 그녀는 아이들과 만나는 것에 별로 마음을 쓰지 않고, 아이들과 내가 그녀 없이 특별해 보이는 어떤 일을 하면 여전히 위협을 느낀다. 대화가 호의적이지만 긴장감이 느껴진다. 이런 대화를 통해 그녀가 나를 통제하는 것을 즐기는 것 같다.

이런 결과가 나오게 만든 과거의 나의 프로그래밍 또는 신념은:

아이들과 만나는 일과 관련해 내가 할 수 있는 것은 아무것도 없다. 나는 그저 삶이 내게 건네주는 것을 뭐든 잘 받아들이고, 처리해야 한다. 나는 상황을 어렵게 하는 사람을 돕고 위험을 감수하는 편이 아니다. 관계란 매우 복잡해질 수 있는데, 특히 여자가 개입되어 있을 때는 그렇다.

날짜: _____

0	1	2	3	4	5	6	7	8	9	10

도움이 필요함　　그럭저럭　　괜찮다　　　　매우 만족　　　훌륭함

관계에서 현재 나의 성적은:

주의: 여러 관계 각각에서 중요한 관계를 기술하라.

_____

_____

_____

_____

_____

_____

이런 결과가 나오게 만든 과거의 나의 프로그래밍 또는 신념은:

_____

_____

_____

_____

_____

_____

진북 – 재정 평가

날짜: _____

0	1	2	3	④	5	6	7	8	9	10

도움이 필요함   그럭저럭   괜찮다   매우 만족   훌륭함

현재 나의 연 소득은 6만 달러약 7,800만 원 - 옮긴이다.

현재 나의 전체적 재무 구조는:

나는 현재 무담보 채무로 인해 벅차다. 우리는 약간 분수에 넘치게 살고 있다. 그 결과 꽤 멋지게 살지만 매달 청구서를 감당하느라 스트레스가 많다. 내 수입은 지금도 괜찮은 편이지만, 조금 증가하면 압박감이 조금 줄어들 것 같다. 빚은 미래의 적이다. 투자할 능력을 앗아가고 있고, 지속적인 신용 거래는 우리가 현재 수입을 초과하는 생활 방식을 감당할 수 있다고 믿게끔 유혹한다. 지금 당장 빚을 그만 지고 청산해야, 이번 달 청구서를 해결하는 문제에서 벗어나 더 멀리 생각할 수가 있다. 또한 습관을 바꾸지 않는 이상 소득 증가가 큰 영향을 주지 못할 것이다. 내가 원하는 대로 급여가 크게 인상되기를 바란다!

이런 결과가 나오게 만든 과거의 나의 프로그래밍 또는 신념은:

3년에서 5년 안에 갚을 수 있다면 빚이 누적되는 것은 괜찮다. 매달 수지를 맞출 수 있다면 괜찮다.

196

재정 평가

날짜: _____

0	1	2	3	4	5	6	7	8	9	10
	도움이 필요함		그럭저럭		괜찮다		매우 만족			훌륭함

현재 나의 전체적 재무 구조는:

_____

_____

_____

_____

_____

_____

이런 결과가 나오게 만든 과거의 나의 프로그래밍 또는 신념은:

_____

_____

_____

_____

_____

_____

평가지 샘플

날짜: _____

0	1	2	3	4	5	6	⑦	8	9	10

도움이 필요함   그럭저럭   괜찮다   매우 만족   훌륭함

현재 나의 직업과 사업 성과는:

우리는 현재 사업 5년 차로 적절한 수익을 내고 있지만 더 많은 '거물급' 고객이 우리 사업장으로 들어오는 모습을 보고 싶다. 의료 컨설팅 분야는 경기 침체에도 불구하고 여전히 강세를 보인다. 의사들은 개업할 때 언제나 사업적인 면에서 도움을 필요로 한다. 나는 여전히 내 일을 즐기면서 하고, 더 큰 의료 집단을 열정적으로 설득할 때 더욱더 자신감을 얻는다. 사업 동료들도 열정적이고 회사가 성장하는 데 유용한 기여를 한다. 그들과 직접적으로 관계가 없는 수익을 창출하는 데는 관심이 조금 덜하지만 말이다.

이런 결과가 나오게 만든 과거의 나의 프로그래밍 또는 신념은:

1. 나는 회사에서 새로운 사업 계획들을 시작할 때 동료들의 전적인 지원이 필요하다. 만일 그 계획이 실패하더라도, 모두의 합의와 함께 시작했다면 나 혼자 책임지지는 않을 것이기 때문이다.

2. 돈을 더 많이 벌기 위해서 나는 더 열심히 일해야 한다. 지적으로는, 이것이 사실이 아님을 알지만 마치 사실인 듯 행동한다. 이것이 내 프로그래밍의 일부인 것 같다.

직업과 사업 평가

날짜: _____

0	1	2	3	4	5	6	7	8	9	10

도움이 필요함   그럭저럭   괜찮다   매우 만족   훌륭함

현재 나의 직업과 사업 성과는:

_____

_____

_____

_____

_____

이런 결과가 나오게 만든 과거의 나의 프로그래밍 또는 신념은:

_____

_____

_____

_____

_____

_____

199

2장 우연을 필연으로 만드는 기술

인간의 가장 위대하고 놀라운 발견 중 하나는, 할 수 없을까 봐 걱정한 일조차 해낼 수 있음을 알게 되는 것이다.

— 헨리 포드Henry Ford

여러 해 전 한 신사가 생산성 향상에 도움을 받으려고 우리 회사에 왔다. 그는 자신이 왜 일하는 데 있어서 더 큰 동기부여가 안 되는지 알게 되었다. 그는 우리 회사의 코치를 받는 데 매달 5만 달러를 지불했다.

그는 서른다섯 살 전에 수억 달러를 벌었고, 15년 전부터는 일을 하지 않고 있었다. 그의 가장 큰 문제는 어디에서 경력을 쌓고 싶은지, 그리고 삶에서 무엇을 하고 싶은지 모른다는 사실이었다. 그는 자기만족에 빠졌고, 미쳐 가고 있었다. 자신의 진정한 가치에 대해서는 전혀 몰랐고, 일류 대학을 졸업하고 재정적으로 성공했음에도 자신이 진정으로 누구인지, 삶에서 무엇을 하길 원하는지 전혀 감을 잡지 못했다.

그는 비전도, 목적의식도, 목표도 없었다. 그래서 시간을 보내려고 일을 조금씩 해 보았다. 그는 또한 자기 인생이 빠르게 흘러가는 것을 느꼈고, 행복하지 못했다. 그에게는 어떤 수준에서든 인생을 즐기는 데 필요한 돈이 있었지만 그럼에도 불구하고 다른 모든 방면에서는 결핍되어 있었다.

겉보기에 그는 전부 가진 듯했다. 그레너딘즈 제도 북쪽 끝, 아름다운 작은 섬에 있는 그 소유의 대형 호화 요트에서 가진 첫 상담 후, 나는 그가 눈부시게 성공한 사람이며 전화 한 통이면 지구상의 어느 누구와도 연락할 수 있는 사람이라는 사실을 알게 되었다. 그렇지만 그는 표류하고 있었다. 문자적으로든 비유적으로든 나아가야 할 진정한 목적지가 없었기 때문이다. 그는 요트에서 지내는 게 싫증 나면 원하는 어디로든 자기 소유의 제트기를 타고 날아갔다. 분명, 그의 가장 큰 도전 거리는 재정 문제가 아니라 목적과 의미의 결여였다. 그야말로 목표가 없었다.

우리는 각기 자신의 목표를 찾아야 한다. 자기 삶의 비전이 있어야 하는데, 그렇지 않다면 어떤 것에서도 의미를 찾지 못한다. 이번 장은 당신이 삶에서 가능성의 비전을 창조하도록 도울 것이다. 우선은 상상해 보자. 만일 모든 것을 다 가졌다면 당신은 지금 무엇을 하고 있고, 당신의 삶은 어떤 모습일까? 무엇을 사고 무엇을 주겠는가? 누구의 조언을 찾고, 어떤 위업을 달성하며, 어디로 갈 것인가? 어떤 제약도 없이 사는 삶을 한번 상상해 보라.

신은 당신에게 일련의 재능과 독특한 자질들을 주셨고, 당신은 그것들을 스스로 발견하고 개발하며 활용해야 한다. 당신 자신이 되고, 가능한 한 최고가 되는 것이 당신이 할 수 있는 전부다. 그것이 무엇이든 당신 마음에 완전한 기쁨을 주는 일에 대한 열렬한 갈망을 찾아야 한다.

당신은 마이클 조던Michael Jordan이나 바브라 스트라이샌드Barbra Streisand가 아니라는 사실을 명심하고, 그들의 삶과 비교해 당신의 삶을 상상하지 마라. 당신 자신의 비전을 창조하라. 당신의 비전과 그들이 성취한 일과는 아무 상관이 없다. 그들은 사는 동안 특정 영역에서 놀라운 성취를 한 슈퍼스타들이다. 그들과 자신을 비교하는 것은 그저 무익할 뿐이라는 사실을 알아두라. 모든 것은 개인의 선택이고, 그 선택은 당신이 꿈꾸는 인생을 설계하는 데서 시작된다.

사람들 개개인은 고유성과, 자신만의 재능으로 뛰어난 업적을 창조할 능력을 갖고 있다. 많은 사람이 단지 아직 그런 위대함을 활용하지 못하거나 진정으로 발견하지 못했을 뿐이다. 우리는 원하는 것을 할 자유 의지가 있는데, 많은 사람이 고통과 좌절감을 불러일으키는 신념 체계에 붙잡혀 있다. 그들은 자신의 직업을 싫어한다. 배우자와 잘 지내지 못한다. 그래서 통찰력 있는 작가 헨리 데이비드 소로Henry David Thoreau가 지적했든, 조용한 절망의 삶을 살고 있다. 그렇게 살지 않아도 된다면 어떻겠는가?

매일 아침에 일어나 일하러 가야 한다는 의무감 대신 드디어 일하러 간다는 기대감을 느낄 수 있다면 어떻겠는가? 배우자와 관계가 아주 좋다면 어떻겠는가? 우리 모두는, 직장에서 또는 힘든 관계 속에서 아주 많은 시간을 보낸다. 그 모든 것이 우리 삶에 가치 있도록 만드는 방법을 배워야 한다.

당신은 정말로 모든 것을 다 가지는 상상을 해 본 적이 있는가? 돈과 건강, 영적인 관계, 좋아하는 일을 다 갖고, 가족과 친구, 아내, 자녀와도 관계가 좋은 삶을 말이다. 그런데 알고 있었나? 당신이 당신 자신의 삶을 설계하고 결정하는 데 시간을 내지 않기로 선택하면, 상황이나 다른 사람이 대신 선택한다는 사실을. 그것은 원래 의도된 당신의 삶의 방식이 아니다. 당신은 어떤 사람이 될지, 그 과정에서 무엇을 획득할지를 스스로 정확히 결정할 권리가 있다. 이 책이 당신이 꿈꾸는 인생을 어떻게 설계하고, 또 그런 삶을 어떻게 사는지 한 걸음씩 안내할 것이다. 당신은 새로운 계획과 함께, 목적하는 곳에 이르는 지도와 마음속의 영상을 갖게 될 것이다. 목적지가 정해지면 여정은 훨씬 쉬워질 것이다.

만일 그런 삶이 우연한 행운으로 온다고 생각한다면, 당신은 중대한 실수를 저지르는 것이고 절대로 인생을 최대한으로, 진정으로 즐기지 못할 것이다. 당신이 깊이 갈망하는 삶을 살려면, 먼저 당신이 그런 삶을 만들어 내겠다고 결심하고, 원하는 것이 무엇인지 정확히 정의해야 한다. 자신을 배의 선장이라 생각하고 미래라는 목적지를 향해 항로를 설정할 때다. 최종 목적지까지 가는 도중에 잠시 멈춰야 할 항구들이 여럿 나올 것인데, 그때 경로를 기록할 지도가 필요하고 각 기항지에 도착하는 실제 시각표를 설정해야 한다. 또한 항해를 시작하면 폭풍이나, 경로를 이탈하게 만드는 수많은 돌발 상황의 가능성도 고려해야 한다.

두려움 벗어 버리기

내가 아는 한 두려움을 정의한 최고의 문장은 '실제인 듯 여기는 가짜 감정'이다. 우리가 인생의 폭풍에 사로잡히면 두려움이 굳게 자리를 잡는다. 훌륭한 선장은 경로를 기록하는 법과 폭풍에 잘 대비하는 법을 배운다. 돛을 망가뜨리지 않고 돛에 바람을 받게 하는 법을 배운다. 당신도 훌륭한 선장이 되는 법을 스스로 배울 수 있다. 그러기 위해서는 시간과 노력이 필요하지만 솔직히, 이류의 삶을 사는 것에 비하면 그것은 아무것도 아니다. 당신이 하기에 달려 있다.

오래전에 나는 목표 설정에 대해 연구한 책을 읽었는데, 사람들 대부분이 자신의 목표를 적지 않는 제일 큰 이유가 목표를 성취하지 못할 거라는 두려움 때문이라고 했다. 항구를 출발하기도 전에 경로를 이탈할까 봐 걱정하지 마라!

앞으로 전진하려면 현재 당신의 위치에 대해서 전적으로 정직해야 한다. 그렇기 때문에 당신은 진북 평가지를 완성한 것이다. 당신의 현재 위치에 대해 자신을 속여 봤자 아무 소용없다. 현재 당신의 위치는 오직 과거의 생각과 계획 또는 그것이 결여된 결과일 뿐임을 이해해야 한다.

계획을 새로 짜면 새로운 결과가 나올 것이다. 인생 설계 매트릭스와 함께, 신중하게 숙고하고 지속적으로 관찰한 결과가 나올 것이고, 따라서 그에 따른 성과는 당신의 갈망과 꿈과 일치할 것이다. 이제 시작하자!

인생 설계 매트릭스 작성하기

다음 페이지에 나오는 평가지는 앞에서 한 진북 평가지에서 한 것과 대체로 같은 범주로 몇 가지 구체적인 사항을 추가한다. 예를 들면 관계에 대해 단 한 가지만 하지 않고 '가족부모, 형제자매, 자녀, 확대가족, 중요한 다른 한 사람, 친구' 각각에 하나씩 세 장의 평가지를 적는다. 친구 항목에는 다른 많은 사람을 포함할 수 있으므로, 정말로 중요한 관계를 맺고 있는 사람들에 대해서 충분히 시간을 갖고 숙고해서 적어라. 현재 직면한 문제나 도전 거리에 초점을 두지 않도록 명심하라. 대신에 당신이 요술 지팡이를 흔들어 삶을 선택할 경우 갖게 될 미래상을 묘사하라.

평가지를 완성할 때 구체적으로 적을수록 더 좋다는 점을 기억하라!

또한 다음 사항을 명심하라. 완벽한 인생 계획을 적으려면 '모든 것'이 명확하고 정확해야 한다. 외양과 느낌을 포함해 결과를 정확하고 분명히 표현해야 한다. 우주는 정확하고 정밀한 법칙에 따라 운행되고, 모호함은 끼어들 여지가 없다.

당신이 발전시킬 새로운 신념들을 적을 때앞으로 연습할 것이다, 거듭 말하지만 명확해야 하고 현재 시제로 적어야 한다. 당신이 작성한 진북 평가지를 참고해서 신념들을 모아도 된다. 부정적인 신념을 긍정적인 확언으로 바꾸는 것이 이 연습의 목적이다. 신념과 습관이 어떻게 형성되는지를 기억하라. 반복을 통해, 음성 녹음 확인과 영상화, 명상을 통해 당신은 옛 신념과 습관을 새 것들로 바꿀 수 있다. 이를 통해서, 사용할 수 있는 모든 요소를 의식적이고 잠재의식적으로 유리하게 활용하게 될 것이다.

이 단계에서, 부정적인 단어는 하나라도 끼어들지 않게 하라. 명심하라. 당신은 새로운 삶과, 자신을 보고 표현하는 새로운 방식을 설계한다는 사실을. 덧붙이자면, 당신 자신이 오직 원하는 것에만 관심을 가져라. 그것을 얻는 방법이 아니라 단지 상상력을 사용해 마음속으로 그림을 그려라. 이때 당신이 될 수 있고 가질 수 있다고 생각하는 것을 적으면서 자신을 속이지 마라. 우주는 공급하는 데 무한하다. 그러므로 마음이 진정으로 갈망하는 것을 향해 팔을 쭉 뻗어라.

신체 건강부터 시작해 보자. 당신이 원하는 신체 건강에 대해 자세히 적어라.

마치 이미 그런 건강에 도달한 것처럼 현재 시제로 적어라. 그러면 당신의 의식적 마음이 이 '지시들'을 잠재의식에 전달할 수 있다. 예시를 하나 들어 보면 다음과 같다. "나는 생기가 넘치고 아주 건강하다. 규칙적으로 운동하고 휴식 시간도 가져, 날마다 에너지가 충만하다! 호숫가에서 자전거를 탈 때의 몸의 느낌이 너무나 좋다. 근육들이 다 같이 움직이고 호흡도 깊고 고르다. 매우 평화로우면서 기운이 넘친다…" 등 구체적 사항들을 지금 현재 일어나고 있는 일처럼 적는다. 익숙한 내용인가? 이것은 이 책의 앞 부분에서 기술한 음성 녹음 대본이다. 물론 이것은 하나의 예시에 불과하다. 당신은 감정을 담아 상쾌한 기분을 느낄 수 있고, 정말로 건강함에 부합하는 당신의 언어로 써야 한다.

모든 경우 당신은 그저 '꾸며내는' 듯한 느낌이 약간 들 것이다. 좋다! 상상력을 발휘하라! 상상력이 바로 비전을 그리는 것이다. 당신이 지금 연인 관계가 없다면 어떻게 할까? 기막히게 좋다! 당신이 상상하는 딱 그 사람을 창조할 수 있다. 현재 장래성이 없는 직업을 갖고 있다면 어떨까? 좋다! 당신에게 성취감을 주는 새로운 일의 비전을 창조할 수 있다. 이 평가지들이 요구하는 면들을 하나도 개발하지 못했다면, 지금 당신은 마음속에 뭔가를 그릴 수 있는 가능성이 정말로 크다. 중요한 것은, 현재 상황과 상관없이 자신을 위해 더 나은 것을 상상할 수 있다면 그것을 창조할 수도 있다는 사실이다. 모든 의심을 멈추고 해 보라. 영성 평가지는 예외로 할 수 있다. 당신이 무신론자라면 이 평가지는 무시하고 넘어가도 된다.

첫 평가지를 끝내면 다음 평가지를 작성하라. 자유롭게 덧붙이고 뒤섞어도 된다. 원하는 순서로 진행하고, 필요하다면 앞뒤로 바꿔 가며 수정하라. 앞에서 언급했듯이 인생 설계 매트릭스를 완성하는 데는 여러 날이 걸릴 수 있다.

긍정적 단언 샘플

- 나는 열정과 목적을 갖고 매일을 산다.
- 나는 하는 모든 일에서 성공하는 사람이다.
- 현재 내 삶은 번영과 풍요로 채워져 있다.
- 나는 자신감이 풍부하다.
- 나는 뛰어난 사업가다.
- 나는 무엇이든, 그리고 내 삶의 목표와 꿈 전부를 완수하는 데 필요한 모든 자원을 현재 갖고 있다.
- 나는 내 시간에 대해 완전한 자유를 누린다.
- 나는 천재이고, 매 순간 지혜를 활용한다.
- 나는 각 방면에서 날마다 더 나아진다.
- 나는 탐구심이 많고 창의적이며 재밌는 것을 좋아하고 모험심이 강하다.
- 나는 내가 선택하고 원하는 모든 것을 해낼 수 있는 대단한 능력이 있다.

- 나는 내가 하는 일에 대해 헌신적이고 단호하며 열정적이다.
- 나는 내 삶의 목표들 전부에 도달하는 데 대단한 에너지를 쏟으며 집중한다.
- 내 삶은 현재 걸작품이다.
- 나는 매일 명상하며, 풍요와 성공의 주파수에 꾸준히 맞추고 있다.
- 나는 바라는 모든 것을 영상화하고, 그것들 전부가 명백하게 실현되도록 전적으로 통제한다.
- 나는 현재 행복하고, 나 자신에 대해 만족한다.
- 나는 현재 신체적, 정신적으로 모두 더할 나위 없이 건강하다.
- 나는 신체적, 정신적 에너지가 풍부하고, 내면과 외면의 상태 모두 아주 좋다.
- 나는 나 자신이 강력해질 것을 허락한다.

잠깐 시간을 내 이 모든 일이 실제로 가능하다면 어떨지 상상해 보라. 당신이 적은 이 모든 일을 성취했다면 기분이 어떨까? 이것을 진짜로 흡수하도록 하라. 받아들이기에 엄청나기 때문이다. 이 '새로운' 삶을 감정적으로 받아들이는 것은 당신이 가질 수 있는 최고의 연료다. 진정으로 나아가게 하는 뜨거운 갈망을 만들어 내야 한다.

'음, 흥미를 돋우지만 그런 일은 결코 일어나지 않아.'라고 생각하고 싶은 유혹이 들 것이다. 아주 많은 사람이 이런 생각과 계획은 다 헛소리라고 말할 것이다. 나는 사람들의 의견이 아니라 결과를 보라고 당신에게 도전하고 싶다. 당신은 그저 당신이 할 일을 하라.

확실히 나도 20년 전에 이 작업을 시작할 때는 회의적이었다. 그러나 한 가지 부정할 수 없는 사실은, 이 책에 기록한 기법들을 가르쳐준 사람들은 자신들의 일을 했고 내가 원했던 결과를 많은 부분 성취했다는 것이다. 나는 잃을 게 없었다. 내가 자기계발 세계에 입문하던 시기에 나는 1년에 만 달러를 벌고 있었다. 고등학교 이후로는 교육을 더 받지 못하고 있다가, 그때 인간의 잠재력을 배우는 학생이 되었다.

현재 나는 당신이 이 원칙들을 활용하여 성취할 수 있는 것의 산 증인이다. 내가 창조한 모든 것, 곧 신에 대한 절대적 믿음 안에서 가정에서부터 재정적인 부에 이르기까지 모든 것은 당신이 지금 당장 인생 설계 매트릭스를 완성하며 밟아 갈 각 과정의 직접적인 결과다. 나는 증명되지 않은 이론 또는 가설이 아닌 나 자신이 직접 경험했기에 진실임을 아는 것을 나눌 수 있어서 정말로 영광이라 생각하고 흥분된다.

나와 마찬가지로, 또 당신과 마찬가지로 이 원칙들을 활용하고 있는 사람들이 많다.

내가 꿈꾸는 삶을 위한 비전

건강

정신적 건강

나는 삶에 어떻게 접근하는가? 나의 주된 감정은 무엇인가? 나는 어떤 종류의 정신 활동을 하고 있는가? 나의 지적 능력과 기억력, 인식을 어떻게 설명하겠는가?

_____

_____

_____

신체 건강

나는 얼마나 활동적인가? 컨디션은 어떤가? 몸무게는 얼마인가? 체지방율은 얼마인가? 나는 나 자신을 어떻게 보고, 어떻게 생각하는가?

_____

_____

_____

최상의 건강 상태에 이르기 위해 창조한 나의 새로운 신념은:

예. 나이가 들어가면서 나는 이전보다 더 몸 상태가 좋아지고 컨디션도 좋다!

_____

_____

_____

내가 꿈꾸는 삶을 위한 비전

가족

나는 가족 구성원 각 사람과 어떻게 소통하는가? 가족과 있을 때 마음이 어떤가?
나는 가족에게 무엇을 주는가? 가족은 내게 무엇을 주는가?

_____

_____

_____

_____

_____

현재 나의 이상적 가족을 이루기 위해 창조한 나의 새로운 신념은:
예. 나는 날마다 나를 감싸는 아버지의 사랑을 느낀다.

_____

_____

_____

_____

_____

내가 꿈꾸는 삶을 위한 비전

내게 중요한 한 사람

이 연인과 함께하는 삶은 어떤가? 함께 있을 때 무엇을 하며 즐기는가? 이 사람과
함께 있을 때 어떤 감정이 조성되는가? 이 사람은 내게서 무엇을 끌어내는가? 이
사람에게 나는 무엇을 주는가? 우리는 함께 무엇을 창조하는가? 이 사람과 함께
하는 더할 나위 없이 좋은 날 무슨 일이 생기는가?

_____

_____

_____

_____

_____

내가 꿈꾸는 중요한 사람과 관계를 성취하기 위해 창조한 나의 새로운 신념은:
예. 루와 나는 서로 열정적으로 사랑하며 날마다 관계가 더욱 성장한다.

_____

_____

_____

_____

_____

내가 꿈꾸는 삶을 위한 비전

(   )와의 우정

이 사람과의 우정을 특별하게 만드는 것은 무엇인가? 이 사람과 어떤 활동을 함께하는가? 어떤 주제들로 대화하는가? 서로 어떻게 돕는가? 이 사람은 내게서 무엇을 끌어내고, 나는 그 사람에게서 무엇을 끌어내는가?

_____

_____

_____

_____

_____

현재 내가 꿈꾸는 (   )와의 우정을 성취하기 위해 창조한 나의 새로운 신념은:
예. 우리는 평생을 가는 우정을 쌓고 있다.

_____

_____

_____

_____

_____

내가 꿈꾸는 삶을 위한 비전

직업과 사업

나는 어떤 종류의 일을 하는가? 얼마를 받고 있는가? 작업 환경은 어떤가? 일주일에 몇 시간을 일에 헌신하는가? 나의 동료 또는 고객은 누구인가? 나는 왜 이 업무를 좋아하는가? 이 일은 내 삶에 무엇을 더해 주는가? 나는 내 일을 통해 어떤 식으로 다른 사람들에게 기여할 수 있는가? 이 일은 어떤 면에서 중요한가?

_____

_____

_____

_____

_____

내가 바라는 직업과 사업에서 만족하고 성공하기 위해 창조한 나의 새로운 신념은: 예. 나의 사업은 연수익 25만 달러를 기록하고 있다. 우리 회사의 사업이 풍족하게 잘 돌아가고 있다.

_____

_____

_____

_____

_____

영성

내가 믿는 신과 나는 어떤 관계를 맺고 있는가? 어떻게 연결되었다고 느끼는가? 만약에 영적 수행을 하고 있다면 어떤 종류인가? 나의 종교 또는 영적 믿음은 내 삶에 무엇을 가져다주는가? 나는 영성을 어떻게 경험하는가? 내가 영감을 받거나 고양되는 데 도움이 되는 특별한 장소나 행동이 있는가?

내가 바라는 영성에 이르도록 창조한 나의 새로운 신념은:
예. 나는 어디를 가든 신의 존재를 느끼고, 온전히 신과 연결된 느낌을 받는다.

내가 꿈꾸는 삶을 위한 비전

재정

나는 자산 관리를 어떻게 하고 있는가? 나의 연 소득은 얼마인가? 얼마를 투자하고 얼마를 저축하는가? 빚이 있는가? 나의 재정에 의해 혜택을 보는 사람은 누구인가? 나의 재정 상태로 인해 나는 어떤 혜택을 보는가?

_____

_____

_____

_____

_____

내가 바라는 재정 성과에 도달하기 위해 창조한 나의 새로운 신념은?
예. 나는 빚이 없고, 연간 10만 달러를 번다. 은행에 저축한 현금이 추가로 있어서 좋다.

_____

_____

_____

_____

_____

당신이 창조할 인생

삶의 각 측면에 대해 따로따로 기록했으니, 이제 전체적인 비전을 응집력 있는 하나의 문서로 한 페이지나 두 페이지에 통합할 차례다. 이 작업을 하는 데도 시간을 들여라. 몇 분 만에 초안을 작성할 수는 있지만 그 후에 자연스럽고 의미가 통하게 수정하라. 이 문서는 목적지를 향해 갈 때, 곧 당신이 설계한 대로 삶을 살아갈 때 빠르게 참고하는 데 활용될 것이다.

다음은 8개월 전 나 자신을 위해 내가 적은 글이다. 나는 해마다 연말이면 이 텍스트를 업데이트하고 매번 더욱더 구체적으로 수정한다.

나의 삶, 그리고 정상에서 살기

· 나는 현재 내가 꿈꾸던 삶을 살고 있다. 신이 내게 주신 모든 것에 대해 대단히 감사하고, 그분의 능력과 무한한 지능을 전적으로 신뢰한다.

· 나는 키넌과 노아에게 훌륭한 아버지이고, 그 아이들이 자라고 발전하며 살아가는 데 함께하는 것이 너무나 좋다.

· 나는 가족 한 사람 한 사람과 멋진 관계를 즐기고 있다. 나는 에너지가 넘치고, 신체적, 정신적으로 모두 건강하고 행복하다.

- 나는 마리아와 매우 좋은 관계를 누리며, 우리는 함께 멋지고 사랑스럽게 성장하고 있다.
- 나의 순자산은 현재 _____원*이고, 저자와 강사, 자문 위원, 기업가로 활동하면서 연간 _____원*을 벌고 있다.
- 나는 빚이 없고, 재정이 내게 풍부하게 흘러들어 오고 있다. 나는 은행에 _____원*의 현금을 갖고 있다.
- 나는 매년 자선 단체에 _____원*을 기쁘게 기부한다.
- 나는 훈련이 되었고, 내가 꿈꾸는 삶에 계속 집중하는 뛰어난 의지력을 갖고 있다.
- 나의 삶 전체가 축복을 받았고, 그것에 대해 매우 감사한다!

예문에서 보았듯이 완벽한 산문 또는 운문으로 작성할 필요는 없다. 단지 당신의 진심을 담고 상상력을 발휘해서 적어라. 이 책에 제시한 평가지에 적은 당신의 새로운 신념들을 모아, 비전을 한 페이지 문서로 옮겨 적은 다음, 집이나 직장 사무실과 수첩에 붙여 놓고, 컴퓨터 화면에 저장해 놓아라. 당신의 비전을 가능한 한 많은 곳에서 볼 수 있게 하라.

---

* 원문에서는 '달러'지만 독자의 편의를 위해 '원'으로 수정해 표기

3장 하버드 졸업생 3퍼센트만이 실행한 '마법의 주문'

> 운명은 기회가 아닌 선택의 문제다. 기다려야 하는 것이 아닌 성취해야 하는 것이다.
>
> — 윌리엄 제닝스 브라이언트 William Jennings Bryant

당신은 10년에 걸친 하버드 대학 졸업생들에 관한 연구에 대해서 들어 봤을 것이다. 이 이야기는 자기계발 공동체에서 매우 오랫동안 회자하여 일종의 도시형 전설이 되었다. 이 연구의 진위는 내가 개인적으로 확인할 수는 없지만 이미 아는 사실이 의문의 여지 없이 진실임을 명확히 짚어 준다. 곧, 목표 설정이 우리가 초점에 더욱 집중할 수 있게 해 주고, 방향을 제시하며, 기분이나 상황에 따라 움직이는 대신 꿈꾸는 삶을 실제로 살 수 있도록 도움을 준다. 목표 설정은 내가 인생에서 배운 가장 강력한 도구 중 하나로, 영상화에 버금간다.

놀랍게도 83퍼센트가 아무런 목표 없이 졸업했다. 14퍼센트는 구체적인 목표를 정했지만 기록하지는 않았다.

목표를 가진 그룹은 그렇지 않은 그룹에 비해 소득이 평균 3배 높았다. 흥미로운 결과다. 그런데 이보다 훨씬 흥미로운 내용이 있다. 남은 3퍼센트, 즉 구체적 목표를 갖고 '그것을 기록한' 졸업생들은 앞에서 말한 83퍼센트 그룹보다 평균 10배를 더 벌었다.

한번 계산을 해 보자. 그 연구에서 우리는 하버드 졸업생들이 직장생활 첫해에 평균 121,979달러를 번다는 사실을 알 수 있는데, 해가 갈수록 연봉이 분명 오를 것이다. 단지 첫 5년 동안, 구체적인 목표를 기록하지 않음으로 인해 이들은 수백만 달러를 손해 본다.

이와 동일한 원칙이 우리 모두에게 실제로 적용된다. 하버드 대학에 다닌다는 것은 재정적 이득을 위해 훌륭한 변수일 수 있지만 모두가 그런 기회를 누리는 것은 아니다. 그러나 당신은 재정 획득 능력을 증가시킬 기회를 '지금 바로' 가질 수 있다. 원하는 삶의 어느 것이든 창조하는 능력 또한 물론 가질 수 있다.

오늘 우리는 목표를 기록할 때 일어나는 몇 가지 일들을 알게 되었다. 목표를 명확하고 구체적으로 적을 때 내가 앞서 언급한 망상 활성계를 활성화시키게 된다. 이 강력한 도구는 당신이 원하지 않고 필요하지도, 도움이 되지도 않는 정보와 방해물을 원하는 정보에서 걸러낸다. 매일 매 순간 광고판이나 텔레비전, 라디오, 인터넷을 통해 관심을 빼앗으려 하는 모든 정보를 포함해 불필요한 98퍼센트를 제거하고 중요한 2

퍼센트만 남김으로써, 당신은 엄청난 성과를 낼 수 있다. 당신이 맞닥뜨린 갖가지 도전을 해결할 기회가 지금 바로 당신 주변에 있지만 당신은, 그것들을 찾고 받아들이며 삶에 적용하도록 두뇌를 훈련하기 전까지는, 보지 못할 것이다.

더구나 당신의 뇌는 당신이 볼 수 없는 강력한 힘과 연결되어 있다. 그것은 과학자들이 양자장이라 부르는 것으로, 앞에서 설명했듯이, 우리 눈으로 볼 수 없는 세계를 가리킨다. 우리는 두 개의 세계에 존재하지만 단지 하나의 세계에서만 활동하게끔 배웠다. 우리가 보고 듣고 냄새 맡고 맛을 보고 만질 수 있는 세계에서 말이다. 당신은 자신이 무엇을 창조하기를 원하는지 분명하고 구체적으로 알게 되면 즉시 양자 물리학의 법칙들과 우주의 보이지 않는 법칙들을 의지하게 된다.

이것을 진짜 열심히 일하는 삶과 혼동하지 말기를 부탁한다. 목표 설정은 단순히 열심히 일하는 것을 의미하지 않는다. 당신의 뇌와 행동 양식을 목표와 일치하게 설정함으로써 우주에 항복하고, 당신이 원하는 것을 우주가 가져다주도록 허용하는 것이다.

크게 성공한 사람들이 그렇지 못한 사람들보다 열 배 또는 스무 배더 똑똑한 게 아니다. 그들의 힘이, 그들이 활용하는 방법과 자원, 집중에서 나오는 것이다. 분명한 목표들을 정하고 기록함으로써 그것들을 성취하도록 뇌를 설정했다. 목표들이 성취될 때 얼마나 놀랍고 멋진지 모른다.

목표란 무엇인가?

내가 목표라고 할 때 의미하는 것은 "나는 더 많은 돈을 원해요."나 "나는 행복해지고 싶어요."와 같이 일반화된 갈망이 아니다. 정확하고 구체적인 성과, 즉 당신이 마음과 머리로 얻어 낼 수 있는 결과들을 가리킨다. 지금 나는 당신이 꿈꾸는 삶을 향해 나아가는 첫걸음을 다루고 있다.

사우스 브롱크스와 할렘의 주택 단지뉴욕의 빈민가이자 범죄가 만연한 지구 - 옮긴이에서 나고 자란 네이트 브룩스Nate Brooks의 이야기를 생각해 보라. 그의 아버지는 알코올 중독자로 간경변으로 죽었고, 어머니는 영어를 한 마디도 못했다. 그 주변의 다른 사람들은 마약쟁이에 감옥을 들락거렸다.

아마 당신은 내가 네이트를 부랑아 시절에 만나 함께 어울려 다니며 큰 싸움도 몇 번 일으켰다고 하면 별로 놀라지 않을 것이다. 그러나 그게 아니다. 나는 네이트를 리맥스를 통해 만났다. 거기서 그는 부동산 시장을 '때려눕히고' 있었다. 그러니까, 네이트는 어릴 때, 자신이 태어난 환경과 다른 삶을 원하기로 결심했다. 그는 더 원했고, 배경이 자신이 무엇이 되고 무엇을 가질지 결정하게 두지 않기로 결심했다. 그는 엄격히 직진했고 좁은 길을 택했다. 네이트는 그 지역을 벗어났을 뿐 아니라 미국 상선 사관학교U.S. Merchant Marine Academy를 졸업했고, 메사추세츠 공과대학Massachusetts Institute of Technology에서 원자력 공학 석사 학위를 단

1년 만에 땄다물론 우등으로. 그런 다음 1년간 일했고, 하버드 대학에서 경영학 석사MBA를 땄다.

현재 네이트는 캘리포니아 북구에서 살며 그 지역에서 상위 1퍼센트에 드는 부동산 중개인이다. 그는 가족과 함께 매년 평균 6주간의 휴가를 보내며 풍요로운 삶을 살고 있다. 그는 또한 열정적인 투수로, 3개의 사업체를 경영하면서도 매주 50에서 75 경기에 들어간다.

네이트는 내가 이 책에서 알려준 방법 거의 그대로 자신의 삶을 설계하고 계획했다고 말할 수 있다. 하버드에서 딴 학위와 관련해서는 인생 설계 매트릭스의 그의 버전인 '내 삶과 사업 계획'을 말할 수 있다.

우주는 모호하지 않고 정확한 질서에 따라 정밀하게 운행된다는 사실을 명심하라. 네이트는 자신이 창조하기 원하는 것을 정확하게 정했고, 자신이 밟아갈 단계들을 명확히 그렸으며, 그런 다음 단호히 나아갔다. 이번 장에서 당신의 목표들을 정할 때 구체적인 것이 가장 좋다는 점을 명심하라. 미국의 전 대통령 존 F. 케네디John F. Kennedy가 "달에 가까이 갈 사람을 구할 수 있을지 한번 봅시다."라고 두루뭉술하게 말했다고 한번 상상해 보자. 실제로 그는 다음과 같이 말했다.

첫째로, 나는 이 나라가 인간을 달에 착륙시킨 다음 지구로 안전하게 귀환시키는 목표를 십 년 안에 성취하도록 헌신해야 한다고 생각합니다. 현재 어떤 우주 계획도 원거리 우주 탐험에서 이보다 더 인류에게 인상적이고 더 중요하지 않을 것입니다. 그리고 이보다 더 성취하기 어렵고 값진 것도 없을 것입니다. 우리는 적절한 달 왕복선 개발 속도를 높이기를 제안합니다. 현재 개발된 어떤 것보다 훨씬 크고 탁월한, 액체와 고체의 호환이 가능한 연료 부스터 개발을 제안합니다. 우리는 또 다른 엔진 개발과 무인 탐사선을 위한 추가 기금을 마련할 계획입니다. 무인 탐사선은 이 나라가 절대로 간과하지 않을 하나의 목적, 곧 이 대담한 첫 비행을 하는 사람의 생존을 위해 특별히 중요합니다. 그러나 사실, 달에 가는 사람은 단 한 사람이 아닙니다. 우리가 이런 결정을 확정 지을 때 우리 국가 전체가 될 것입니다. 우리 모두가 그 한 사람을 달에 보낼 수 있도록 함께 일해야 하기 때문입니다. 합동 의회 전 직접 전달된 국가적 긴급 사항에 관한 특별 담화, 1961년 5월 25일

정확성에 대해 말하다!

큰 도약을 향해 한 발을 내딛자. 당신의 목표들을 확신을 갖고 구체적으로 적음으로써 걸작을 창조하라. 그러나 어떤 특정한 목표에 헌신하기 전에 먼저 자신과 약속하라. 당신이 꿈꾸는 삶을 살기로 결정했다면 다음 페이지의 계약서를 읽고 서명하라. 진심으로!

나 자신과의 계약서

날짜 _____

서명한 본인은 내 꿈의 삶을 설계하고 창조하는 데 필요한 모든 자료와 노동을 제공하기로 약속하고 동의한다.

본인은 이로써 내 안에 있는 탁월함을 성취하도록 부정직하거나 속이지 않고 필요한 무슨 일이든 하기로 약속한다.

본인은 내 삶의 꿈과 운명에 도달하는 데 필요한 대가를 지불할 것이다. 내 운명을 성취하지 못하면 인생에서 부당한 대우를 받는 느낌이 들 것을 알기 때문이다.

본인은 내 삶의 설계도가 한 번에 한 단계씩 도달하며, 한 단계 나아갈 때마다 내 꿈의 삶에 더욱 가까워진다는 것을 안다.

본인은 내 꿈의 삶을 성취하는 것 외의 다른 것에는 만족하지 않을 것이다.

본인은 능력이 있고, 본인은 지식이 있으며, 본인은 내 꿈의 삶을 이루는 데 필요한 것을 갖고 있다.

서 명 _____

날 짜 _____

226

당신에게 성공이란 무엇을 의미하는가?

당신은 성공을 어떻게 정의하는가? 부모님이나 파트너, 배우자가 한 말은 잊어라. '당신 자신은' 성공을 어떻게 정의하는가? 당신이 성공에 도달했다는 사실을 어떻게 알 것인가? 당신의 삶이 성공했다고 느끼려면 구체적으로 어떤 일이 일어나야 하는가? 내가 나의 삶을 돌아보기 위해 늘 묻는 한 가지 물음은, 내가 내 삶에 대해 완전한 만족을 느끼려면 내 개인의 삶과 직업적인 삶에 어떤 일이 있어야 하는가다. 내게 성공이란, 파트너와 함께 내 회사를 세우고 사회에 기여하며 사람들에게 베풀면서 훌륭한 아빠와 아내에게 멋진 배우자가 되는 것을 의미한다. 이런 것들이 내게는 매우 중요하다. 이것들이 내 삶을 규정하고 목적과 의미를 주므로 이런 일들을 열심히 추구할 때 나는 성공한 것이다. 더 나아가기 전에 몇 분 정도 시간을 내, 자신에게 질문해 보기를 부탁한다. 당신이 삶에 완전히 만족을 느끼려면 있어야 할 것들의 목록을 다음 페이지의 형식을 활용해 작성해 보라. 도움이 될 몇 가지 예시를 제시한다.

직업 생활	교육	더 체계적이기	건강
개인 생활	기량 개발	스트레스 줄이기	여행
재정	새로운 직업과 사업	평판	사교와 관계망
투자	승진	기부	명상
부동산	직업 훈련	윤리	운동
사업 계획	100만 달러 소득 달성	가족	더 건강해지기
은퇴 계획	미래 계획	아이디어	문제에 맞서기

지금부터 1년 뒤, 내가 내 삶에
완전히 만족하기 위해서 있어야 할 것들

직업 생활

_____

_____

_____

_____

_____

_____

개인 생활

_____

_____

_____

_____

_____

_____

직업 생활과 개인 생활에서 성취하고 싶은 것들을 스무 가지, 서른 가지, 마흔 가지 또는 그 이상 적을 수 있다. 다만 우리 대부분에게 그런 일이 12개월 안에 다 성취되지는 않으므로, 다음 단계는 당신의 목록에서 가장 중요한 것들을 취해 우선 그것들에 집중하는 것이다. 각 영역에서 신체, 영성, 정신, 기부, 사업, 건강 한두 가지 목록을 택해 우선 그것들부터 시작할 수 있다.

1년의 목표들을 정하라

이제 당신은 1년 내 목표들을 적을 준비가 됐다. 내게 최고로 효과가 좋았던 것은 먼저, 나의 주된 비전이자 개요이기도 한 전반적인 삶의 목표를 설정한 일이었다. 이전 장에서 평가지를 완성했다면 이미 이 작업을 한 것이다. 여기서 다음 과정을 완성하고 그것을 가까운 곳에 둘 수 있다. 그다음에 삶의 각 부분에서 자신이 목표한 방향으로 나아갈 수 있도록, 그 비전을 매달, 매주, 매일의 목표와 행동으로 구체적으로 정해 1년의 목표들로 발전시킨다.

나는 나 자신의 건축가다.

— 칼 로저스Carl Rodgers

다음의 워크시트에 상세한 행동 계획을 "내 목표들을 성취하기 위해 지금 하고 있는 일" 작성하는 데 어려움을 느낀다면 이 책에서 이미 배운 내용을 기억하라. 아마도 먼저 구체적인 신념들을 다시 만드는 일에 집중해야 할 것이다. 그 작업을 끝낸 다음, 당신의 역할 모델을 생각해 보라. 각 분야에, 두드러지는 사람이 있다. 당신은 자신이 뛰어나지 못한 어떤 분야에서 두각을 나타내는 사람들에게 접근할 수가 있다. 그들이 무엇을 하고 그것을 어떻게 하는지 알아내서, 당신에게 필요한 것을 따라하고, 자신만의 특별한 비결과 재능을 덧붙여라.

일대일 코치가 필요하다고 여겨지면 멘토를 구하거나 개인 코치 서비스를 찾아보라. 내 인생에서 이 방면으로 나를 도와준 사람들이 여러 명 있었다. 사업에서도 내게는 많은 안내자가 있었다. 나를 지도해 준 여러 명의 중심인물이 없었다면 내가 부동산계에서 이룬 지금 수준의 성공은 상상도 할 수 없었을 것이다.

당신이 하고자 하는 일을 이미 성취했고, 당신이 존경하는 사람을 선택하라. 그런 다음 요청하라. 어떤 사람들은 거절당하거나 폐가 되는 두려움을 내려놓고, 그저 단순하게 묻는다. "저의 멘토가 되어 주시겠습니까?"라고. 물론, 멘토가 되어 준다면 장래의 멘토에게도 어떤 면에서 유익이 될 것인가를 포함해 좀 더 많은 대화가 필요할 것이다. 멘토의 편의를 위해 당신이 그의 사무실로 찾아간다고 하거나 멘토가 특별히 좋아하는 프로젝트에 무료로 재능기부를 하겠다거나 세탁물을 찾아다 주는 등 멘토에게 도움이 될 만한 일을 뭐든 제안할 수 있다. 그렇다면 어떻게 시작하는가? 다음처럼 해 보는 것은 어떤가.

저는 ＿＿＿＿＿ 을 성취하고 싶습니다. 그리고 당신이 살면서 이뤄낸 성과를 존중합니다. 제가 당신이 성취한 일에서 배울 수 있도록 저를 일주일에 한 번씩 만나 도움을 주실 수 있으십니까? 저는 ＿＿＿＿＿ 함으로써 당신의 노고가 가치 있게 하겠습니다. 저와 멘토 관계를 맺는 일을 기꺼이 받아 주실 수 있으신지요?

이 목표 설정 과정의 어느 부분에서든 어려움이 느껴지면 그저 하루 정도 미뤄 두었다가 다시 돌아오면 된다. 이 워크시트를 꼭 한 번에, 15분 만에 획, 정신없이 완성해야 한다고 생각하지 마라. 조사가 필요할 수 있고, 무엇이 적절한 단계인지 알아내는 데 돈이 들 수도 있다. 확실히 진지하게 숙고하며 시간을 들여야 할 것이다. 이 과정을 성급하게 하지 말되, 꾸물거리지도 마라. 당신의 삶이 기다리고 있다.

전설적인 농구 코치 존 우든John Wooden은 실전 연습을 10분 할 때마다 한 시간 이상 계획을 짠다고 했다. 이런 공식으로 그는 전미 대학 체육 협회NCAA 농구 챔피언십에서 그 어떤 코치보다 더 많은 경기를 우승시켰다. 그 이유는, 그의 선수들이 연습 때 무엇을 해야 하는지 알아내기 위해 시간을 허비하는 대신 실제로 해야 할 일을 했기 때문이다. 그리고 그의 선수들은 연습 시간이 짧았기 때문에 학업과 대학 생활 같은 다른 중요한 일들도 할 수 있었다. 우든은 선수들이 단지 경기뿐만 아니라 삶에서도 최대한을 얻어 내야 한다고 믿었던 것이다.

나의 1년 목표

_____ 부터 _____ 까지

정신 건강

_____

_____

_____

_____

_____

나의 목표를 성취하기 위해 현재 하고 있는 일:

_____

_____

_____

_____

_____

1년 목표를 작성한 다음에는 매달, 매주, 매일의 일상과 활동으로 성취할 작은 목표들로 나누라. 이 활동들을 일정표나 일일 계획표, 수첩 같은 곳에 기록하고, 진행 과정도 계속 기록하라.

나의 1년 목표

_____ 부터 _____ 까지

신체 건강

_____

_____

_____

_____

_____

나의 목표를 성취하기 위해 현재 하고 있는 일:

_____

_____

_____

_____

_____

1년 목표를 작성한 다음에는 매달, 매주, 매일의 일상과 활동으로 성취할 작은 목표들로 나누라. 이 활동들을 일정표나 일일 계획표, 수첩 같은 곳에 기록하고, 진행 과정도 계속 기록하라.

나의 1년 목표

_____ 부터 _____ 까지

재정

_____

_____

_____

_____

_____

나의 목표를 성취하기 위해 현재 하고 있는 일:

_____

_____

_____

_____

_____

1년 목표를 작성한 다음에는 매달, 매주, 매일의 일상과 활동으로 성취할 작은 목표들로 나누라. 이 활동들을 일정표나 일일 계획표, 수첩 같은 곳에 기록하고, 진행 과정도 계속 기록하라.

나의 1년 목표

_____ 부터 _____ 까지

믿음

_____

_____

_____

_____

_____

나의 목표를 성취하기 위해 현재 하고 있는 일:

_____

_____

_____

_____

_____

1년 목표를 작성한 다음에는 매달, 매주, 매일의 일상과 활동으로 성취할 작은 목표들로 나누라. 이 활동들을 일정표나 일일 계획표, 수첩 같은 곳에 기록하고, 진행 과정도 계속 기록하라.

나의 1년 목표

_____ 부터 _____ 까지

가족

_____

_____

_____

_____

_____

나의 목표를 성취하기 위해 현재 하고 있는 일:

_____

_____

_____

_____

_____

1년 목표를 작성한 다음에는 매달, 매주, 매일의 일상과 활동으로 성취할 작은 목표들로 나누라. 이 활동들을 일정표나 일일 계획표, 수첩 같은 곳에 기록하고, 진행 과정도 계속 기록하라.

나의 1년 목표

_____ 부터 _____ 까지

중요한 한 사람

_____

_____

_____

_____

_____

나의 목표를 성취하기 위해 현재 하고 있는 일:

_____

_____

_____

_____

_____

1년 목표를 작성한 다음에는 매달, 매주, 매일의 일상과 활동으로 성취할 작은 목표들로 나누라. 이 활동들을 일정표나 일일 계획표, 수첩 같은 곳에 기록하고, 진행 과정도 계속 기록하라.

나의 1년 목표

_____ 부터 _____ 까지

자녀

_____

_____

_____

_____

_____

나의 목표를 성취하기 위해 현재 하고 있는 일:

_____

_____

_____

_____

_____

1년 목표를 작성한 다음에는 매달, 매주, 매일의 일상과 활동으로 성취할 작은 목표들로 나누라. 이 활동들을 일정표나 일일 계획표, 수첩 같은 곳에 기록하고, 진행 과정도 계속 기록하라.

나의 1년 목표

_____ 부터 _____ 까지

직업과 사업

_____

_____

_____

_____

_____

나의 목표를 성취하기 위해 현재 하고 있는 일:

_____

_____

_____

_____

_____

1년 목표를 작성한 다음에는 매달, 매주, 매일의 일상과 활동으로 성취할 작은 목표들로 나누라. 이 활동들을 일정표나 일일 계획표, 수첩 같은 곳에 기록하고, 진행 과정도 계속 기록하라.

나의 1년 목표

_____ 부터 _____ 까지

기부

_____

_____

_____

_____

_____

나의 목표를 성취하기 위해 현재 하고 있는 일:

_____

_____

_____

_____

_____

1년 목표를 작성한 다음에는 매달, 매주, 매일의 일상과 활동으로 성취할 작은 목표들로 나누라. 이 활동들을 일정표나 일일 계획표, 수첩 같은 곳에 기록하고, 진행 과정도 계속 기록하라.

당신 자신의 목표를 상세히 생각하고 적었다면, 이제 그 계획을 따르고 필요할 때 수정하면 된다. 사람들 대부분이 자전거를 타면서 동시에 자전거를 만들려고 하는데, 그것은 좌절감만 주고 실행하기가 거의 불가능하다. 불평가가 아닌 계획자가 되라.

일주일 분량의 실수를 조정하는 것이 한 달이나 두 달 치 실수를 조정하는 것보다 쉽다. 그러므로 한 달, 한 주, 하루 단위의 목표를 따로 떼어 당신이 원하는 것과 비교해 검토하고 계획을 짜라. 나는 매주 일요일 한 시간을 내서 그 주의 계획을 짜고 지난주 결과를 평가한다.

작은 것들을 더하고, 거듭 더하면 곧 그 작은 것들이 커진다.

— 헤시오도스Hesiod

당신의 목표와 삶의 계획을 기록한 문서를, 전자 기기든 종이든 일정 계획표로 늘 가까운 곳에 두고 보는 것이 매우 중요하다. 대부분의 사람들처럼 나도 성취해야 할 일들의 목록이 아주 길지만, '매일의 성취 계획' 또한 세워서 따르고 있다. 다음은 현재 내가 따르고 있는 계획이다.

존의 승리하는 매일의 프로그램과 계획

– 행동에 옮겨라!

– 명상 30분

- 운동 1시간

- 영상화: 목표 재검토 20분

- 배우기: 책을 읽거나 CD 듣거나 비디오 시청 30분에서 1시간

- 신선한 음식으로 건강하게 먹기

- 가치 인정하기, 사랑하기, 감사하기, 기뻐하기

당신의 목표들에 맞게 행동을 취하기 위해서는, 잠시 시간을 내 그 목표들이 성취되면 기분이 어떨지를 생각해 보라. 각각의 목표가 성취되면 당신은 어떻게 행동하고 걷고 말할까? 풍요로운 새 삶을 얻게 되면 무엇을 할까? 당신이 목표를 성취하도록 최선을 다할 수 있게끔 긍정적인 이유와 힘을 주는 것들을 가능한 한 많이 생각해 내라.

어떤 사람은 실패에 대한 두려움으로, 또 어떤 사람은 자신이 될 수 있는 최고가 되기 위한 탐구로 자신을 채운다. 개인적으로 나는 부정적인 결과를 예측하지 않는데, 이것이 당신에게 중요한 요소가 될 수 있다는 사실을 인정한다. 실패에서 벗어나는 것이 당신에게 최고의 자극이 된다면, 그것을 이용하라. 당신에게 영향을 미치는 것은 무엇이든 이용해서 전력을 다하라. 다만 사이드라인에 앉아 상황이 바뀌기만을 기다리지 마라. 책임을 지고 당신의 꿈이 실현되게 하라.

인생 설계 매트릭스 체크 리스트

☐ 성과와 강점, 인지한 약점 목록 만들기

☐ 진북: 현재의 결과와 신념 평가하기

☐ 건강과 가족, 중요한 한 사람, 우정, 직업과 사업, 영성, 재정 각 영역의 비전을 명확히 하기

☐ 내가 꿈꾸는 삶을 창조하기 위해 헌신하기: '나 자신과의 계약서' 읽고 사인하기

☐ 삶의 목표 설정

☐ 1년의 목표를 설정하고 한 달, 한 주, 하루의 행동 계획 정하기

계획 실행하기

☐ 새로운 신념들 운행하기

☐ 실행하고, 필요할 경우 경로 수정하기

☐ 새로운 비전과 목표, 신념 들과 일치되게 행동하기

☐ 성취한 일들 축하하기!

옮긴이 박선주

세종대 국어국문학과와 이화여대 통번역대학원 한불번역과를 졸업한 후, 기독교 출판사와 아동문학 출판사에서 책을 만들었다. 현재는 영어와 프랑스어로 된 좋은 책들을 소개하거나 번역하고 있다. 번역한 책으로 《사물들과 철학하기》《영화의 목소리》《데일 카네기의 인간관계론》《믿을 수만 있다면》《예수 그리스도의 생애》《프란츠와 클라라》《나만의 필사책 어린왕자》《동방의 항구들》《마에스트로》등이 있다.

부의 가속도

초판 1쇄 발행 · 2023년 8월 31일

지은이 · 존 아사라프
옮긴이 · 박선주

펴낸이 · 김동하
펴낸곳 · 부커
출판신고 · 2015년 1월 14일 제2016-000120호
주소 · (10881) 경기도 파주시 회동길 445 4층
문의 · (070) 7853-8600
팩스 · (02) 6020-8601
이메일 · books-garden1@naver.com
포스트 · post.naver.com/books-garden1

ISBN · 979-11-6416-171-3 (03190)

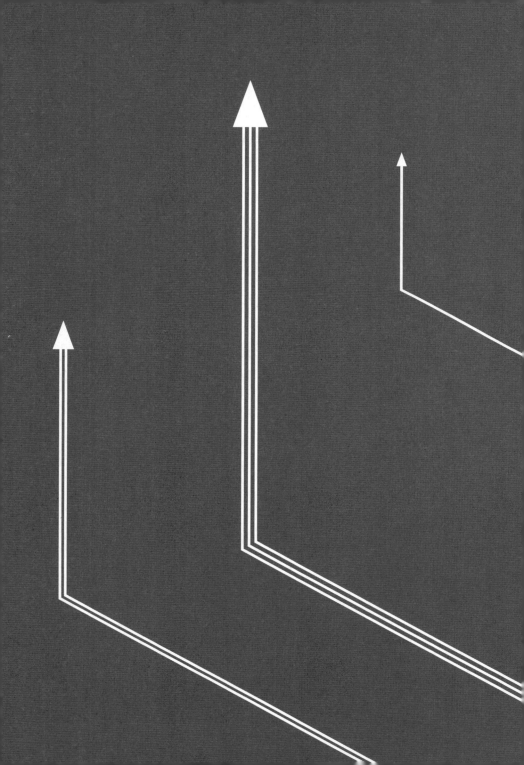